# C Programming 입문과 활용

이대호 저

이 책은 여러 장으로 내용을 구분하였으며, 각 장은 간략하게 핵심을 이해할 수 있도록 서술했다. 또한 다른 책에서 볼 수 없었던 다년간의 강의에서 개발된 쉬운 예제들을 포함했으며, 문제를 제시하고 그 문제를 해결하는 방법을 순서대로 서술했다. 따라서 이 책은 혼자서도 차례에 맞춰 예제들을 작성하면서 쉽게 C 프로그래밍을 배울 수 있도록 작성했으며, 대학의 교재로 사용하기에도 적합하도록 단원을 구성하였다.

도서출판 GS인터비전

# 머리말

현대 사회에서 컴퓨터는 생활하는데 없어서는 안 될 필수품이 되었다. 각 가정마다 여러 대의 컴퓨터가 있고, 직장이나 학교에서도 업무용이나 연구용으로 컴퓨터를 소유하고 있다. 이러한 컴퓨터는 여러 분야에서 많이 사용되고 있으며, 계속해서 발전하고 있다. 하드웨어의 발선에 맞추어 소프트웨이도 이전에 상상할 수 없었던 기능들이 포함되어 출시되고 있다. 이 소프트웨어들은 범용 컴퓨터 뿐만 아니라 핸드폰, 게임기, 내비게이션 등에서도 많이 사용되고 있다. 이와 같은 소프트웨어의 진화는 끝이 없다. 즉, 아직도 우리가 컴퓨터를 이용해서 할 것이라고 상상하지 않았던 기능들이 곧 개발될 수도 있다. 따라서 소프트웨어의 중요성이 점점 커지고 있는 실정이다. 이 책은 이러한 소프트웨어의 개발에 입문하는 독자들을 위하여 C 언어로 프로그램을 작성하는 방법을 소개하고 활용하는 방법을 제시한다.

이공계 전문 서적에서 어떤 책이 좋은 책인가? 두꺼운 책, 얇은 책, 많은 내용을 담고 있는 책, 이해하기 쉬우 책, 자세하게 설명한 책 등으로 좋은 책을 구분할 것이다. 프로그래밍을 조금 경험해본 독자라면 어느 책을 보더라도 참고하는데 어려움이 없을 것이다. 하지만 전혀 프로그래밍에 대한 경험이 없는 독자들은 전체적인 전개가 명확하고, 필요한 부분을 간략하고 이해하기 쉽게 작성한 책이 프로그래밍을 쉽게 배울 수 있도록 도와주는 책이라고 생각한다. 이러한 특징을 가질 수 있도록 이 책은 여러 장으로 내용을 구분하였으며, 각 장은 간략하게 핵심을 이해할 수 있도록 서술했다. 또한 다른 책에서 볼 수 없었던 다년간의 강의에서 개발된 쉬운 예제들을 포함했으며, 문제를 제시하고 그 문제를 해결하는 방법을 순서대로 서술했다. 따라서 이 책은 혼자서도 차례에 맞춰 예제들을 작

Programming

# Chapter 1

# C 프로그래밍

Chapter 01

# C 프로그래밍

## 1.1 컴파일(compiling)과 링킹(linking)

프로그램은 컴퓨터의 동작을 위한 명령어들의 집합이다. 이러한 명령어들은 기계가 알아들을 수 있는 언어인 기계어(machine language)로 작성되어야 한다. 기계어는 0과 1로 된 집합으로 컴퓨터에 따라서 각각 다른 명령어 형식을 가지고 있다. 또한 사람에게 보이는 동작이 아주 간단하더라도, 컴퓨터 내부에서 처리되는 동작이 매우 복잡할 수 있다. 즉, 기계어로 직접 프로그램을 작성하는 것은 해당 컴퓨터의 하드웨어적인 동작을 이해하고 있어야 한다. 따라서 기계어로 프로그램을 작성하는 것은 매우 어렵다.

기계어는 0과 1로 된 형식이므로 사람이 보기에 어렵다. 이러한 0과 1을 사람이 쉽게 볼 수 있는 기호로 표현한 언어가 어셈블리 언어(assembly language)이다. 이러한 어셈블리 언어로 작성된 프로그램도 컴퓨터에 동작 명령을 주기 위해서는 기계어로 번역되어야 한다. 이렇게 어셈블리 언어를 기계어로 번역하는 장치를 어셈블러(assembler)라고 한다. 어셈블리 언어는 기계어를 단순히 1:1로 기호화한 것이므로, 기계어와 같이 해당 컴퓨터의 하드웨어적인 동작을 이해하고 있어야 한다. 이러한 특성 때문에, 기계어와 어셈블리 언어를 저급 언어(low-level language)라고 한다.

**기계어와 어셈블리 언어는 저급 언어이다.**

저급 언어와 상대적인 개념을 가지고 있는 언어를 고급 언어(high-level language)라고 한다. 고급 언어는 사람이 사용하는 언어 형식으로 프로그램을 작성하고, 번역기에 의해서 각 컴퓨터에 적당한 기계어로 번역해 주는 언어이다. 이과 같이 고급 언어를 기계어로 번역하는 장치를 컴파일러(compiler)라고 한다. 고급 언어는 BASIC, FORTRAN, COBOL, PASCAL, C, C++ 등이 있으며, 현재는 C와 C++가 가장 널리 사용되고 있다.

**C는 고급 언어이다.**

고급 언어로 작성된 코드를 원시 코드(source code)라고 하며, 이것을 컴파일러로 번역한 코드를 목적 코드(object code)라고 한다. 목적 코드는 단순히 원시 코드 자체만을 컴파일한 것이므로, 실행 코드(executable code)가 아니다. 실행 코드는 여러 개의 목적 코드와 라이브러리(library)들을 묶어서 실행 가능한 코드로 만든다. 이와 같은 동작을 링킹(linking)이라고 하며 링커(linker)에 의해 수행된다. 여기서 라이브러리란 미리 만들어진 목적 코드들을 의미한다.

**컴파일은 목적 코드를 생성하고, 링킹은 실행 코드를 생성한다.**

## 1.2 컴파일러 사용법

일반적으로 사용하는 컴파일러, 링커, 디버거 등의 부가적인 기능들이 모두 포함된 프로그램을 통합 개발 환경(IDE, integrated development environment)이라고 한다. 국내에서 가장 많이 사용하는 통합 개발 환경은 Visual Studio이므로, 이 책에서는 Visual Studio 6.0과 2008을 이용하여 프로그램을 작성하는 방법만 다룬다.

Visual C++에서 한 개의 응용 프로그램을 작성하기 위해서 여러 개의 원시 파일을 가질 수 있다. 이렇게 묶여진 원시 파일의 묶음을 프로젝트(project)라고 하며, 프로젝트 단위로 프로그램이 관리된다. 또한 6.0에서는 프로젝트의 묶음을 작업 공간(workspace)라고 하고 2008에서는 솔루션(solution)이라고 한다.

Visual Studio 6.0에서 프로젝트를 생성하고, 소스 파일을 추가하는 방법은 아래의 순서로 진행한다.

1. [File]-[New] 메뉴를 선택한다.

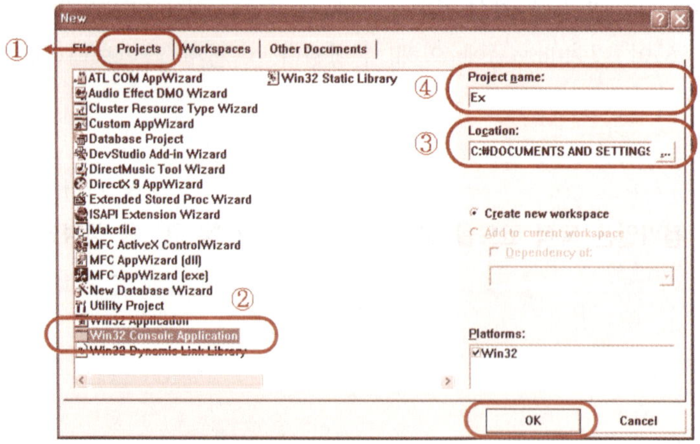


그림 1-1 생성할 프로젝트 종류 설정

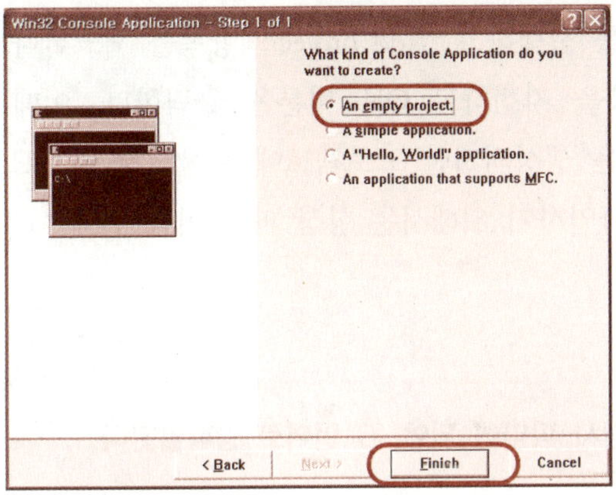


그림 1-2 Console 프로그램의 종류 설정

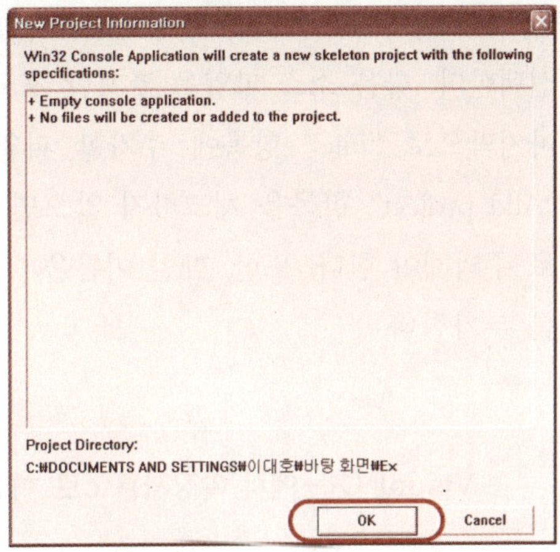


그림 1-3 생성된 프로젝트 정보 확인

2. 그림 1-1과 같은 대화 상자에서 생생할 프로젝트 종류를 선택하고, 프로젝트 이름을 지정한다. 이때, 그림 1-1과 같이 먼저 위의 "Project" 탭을 선택하고, 프로젝트 종류는 "Win32 Console Application"을 선택한다. 다음 "Location"에서 프로젝트가 생성될 폴더를 지정하고, "Project name"에 프로젝트 이름을 기입한다. 다음 "OK" 버튼을 누르면 다음 상태로 진행된다. 여기서, "Location"에 지정된 위치에 "Project name"으로 지정된 폴더가 생성되므로, 위치와 이름을 기억해야 한다.
3. 그림 1-2와 같은 대화 상자에서 Console 응용 프로그램의 종류를 선택한다. 이때 빈 프로젝트(An empty project)를 선택하고 "Finish" 버튼을 누른다.
4. 그림 1-3과 같은 대화 상자에서 생성된 프로젝트 정보를 확인하고 "OK" 버튼을 누른다.

위의 과정으로 프로젝트가 생성되며, 프로젝트 폴더에는 "프로젝트 이름.dsw" 파일이 생성된다. 이 dsw 파일은 작업 공간 파일로 프로젝트 정보를 관리하는 파일이다. 따라서 다음에 이 프로젝트를 열기 위해서는 이 파일을 더블 클릭하거나, Visual Studio의 [File]-[Open Workspace] 메뉴를 선택하고 이 파일을 선택한다.

생성된 프로젝트에 [File]-[New] 메뉴를 선택해서 그림 1-4와 같은 설정으로 원시 파일을 추가할 수 있다. 그림 1-4에서 먼저 “Files” 탭을 선택하고 “C++ Source File” 항목을 선택한다. 다음 소스 파일을 추가할 프로젝트를 선택하고 “Add project” 항목을 체크한다. 마지막으로 “File” 항목에 추가할 파일 이름을 지정하고 OK 버튼을 클릭한다. 이때, “Add project" 항목을 체크하지 않으면, 파일은 생성되지만 프로젝트에 포함되지 않으므로 주의해야 한다. 또한, 파일 이름을 C로 컴파일하기 위해서는 항상 파일 이름 뒤에 “.c”를 추가한다.

**Visual C++에서 확장자를 c로 하면 C 원시 파일이 되어, C 언어로 컴파일된다.**

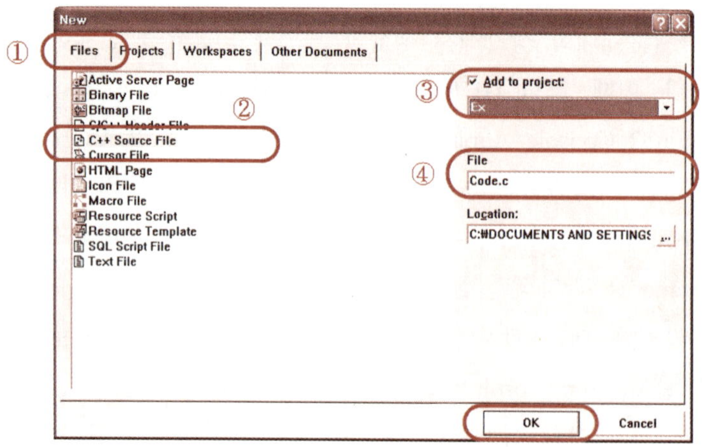


그림 1-4 생성할 파일 종류 설정

Visual Studio 6.0에서 프로젝트가 열려 있는 화면은 그림 1-5와 같다. 왼쪽에 작업 공간이 표시되며, 여기서 프로젝트에 포함된 소스 파일이나 헤더 파일을 선택할 수 있다. 아래의 출력창에는 컴파일(링킹) 과정의 오류 등을 출력한다.

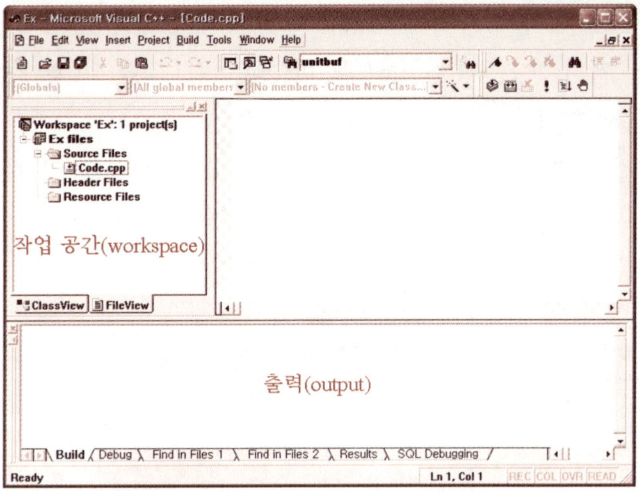


그림 1-5 Visual Studio 6.0 화면

Visual Studio 2008에서 프로젝트를 생성하고, 소스 파일을 추가하는 방법은 아래의 순서로 진행한다.

1. [파일]-[새로 만들기-[프로젝트] 메뉴를 선택한다.

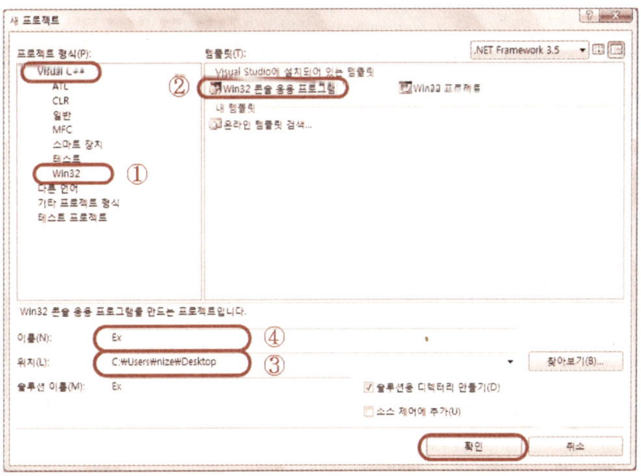

그림 1-6 생성할 프로젝트 종류 설정

2. 그림 1-6과 같은 대화 상자에서 생생할 프로젝트 종류를 선택하고, 프로젝트 이름을 지정한다. 거의 모든 기능은 6.0과 비슷하므로, 그림 1-6과 같이 설정하고 “확인” 버튼을 클릭한다.
3. 그림 1-7과 같이 “Win32 응용 프로그램 마법사”의 시작을 알리는 대화상자가 출력된다. 여기서는 “다음” 버튼을 클릭하여 마법사를 진행한다.
4. 그림 1-8에서 “빈 프로젝트”를 선택하고 “마침” 버튼을 클릭한다.

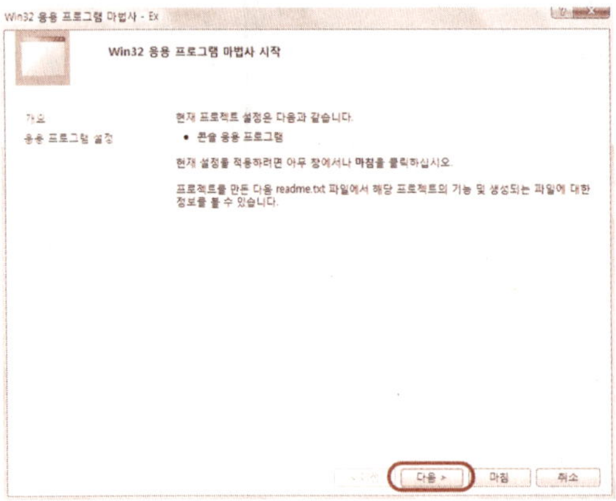


그림 1-7 Win32 응용 프로그램 마법사 시작

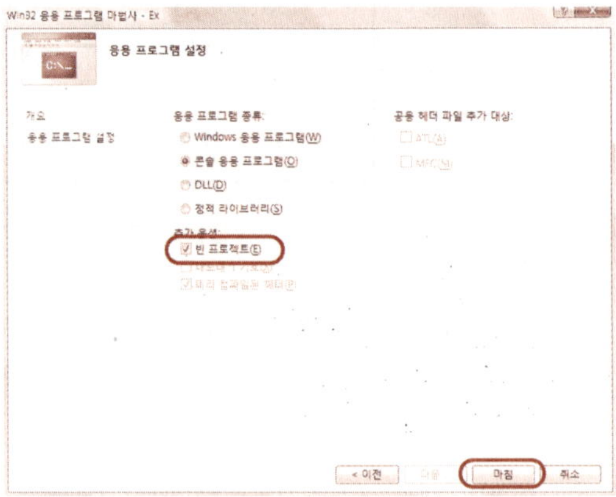


그림 1-8 콘솔 프로그램의 종류 설정

위의 과정 프로젝트가 생성되며, 프로젝트 폴더에는 “프로젝트 이름.sln” 파일이 생성된다. 이 sln 파일은 솔루션 파일로 프로젝트 정보를 관리하는 파일이다. 따라서 다음에 이 프로젝트를 열기 위해서는 이 파일을 더블 클릭하거나, Visual Studio의 [파일]-[열기]-[프로젝트/솔루션] 메뉴를 선택하고 이 파일을 선택한다.

생성된 프로젝트에 [프로젝트]-[새 항목 추가] 메뉴를 선택해서 그림 1-9와 같은 설정으로 원시 파일을 추가할 수 있다.

그림 1-9에서 먼저 범주에서 “코드”를 선택하고 템플릿에서 “C++ 파일”을 선택한다. 다음 소스 파일 이름을 기입하고 추가 버튼을 클릭한다. 여기서도, C로 컴파일하기 위해서는 항상 파일 이름 뒤에 “.c”를 추가한다.

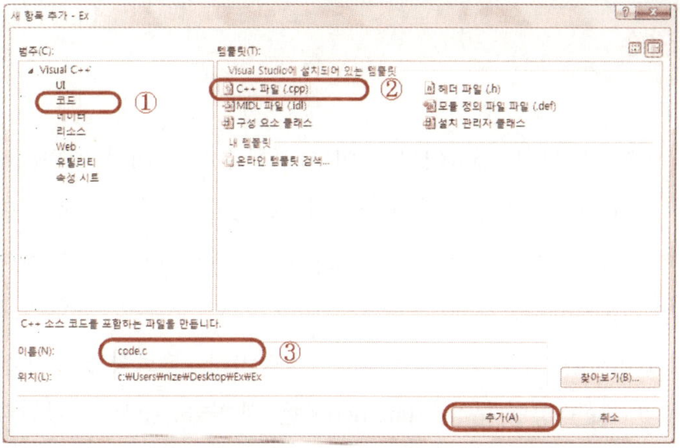

그림 1-9 생성할 파일 종류 설정

Visual Studio 2008에서 프로젝트가 열려 있는 화면은 그림 1-10과 같다. 왼쪽에 솔루션 탐색기가 표시되며, 여기서 프로젝트에 포함된 소스 파일이나 헤더 파일을 선택할 수 있다. 아래의 출력창에는 컴파일(링킹) 과정의 오류 등을 출력한다.

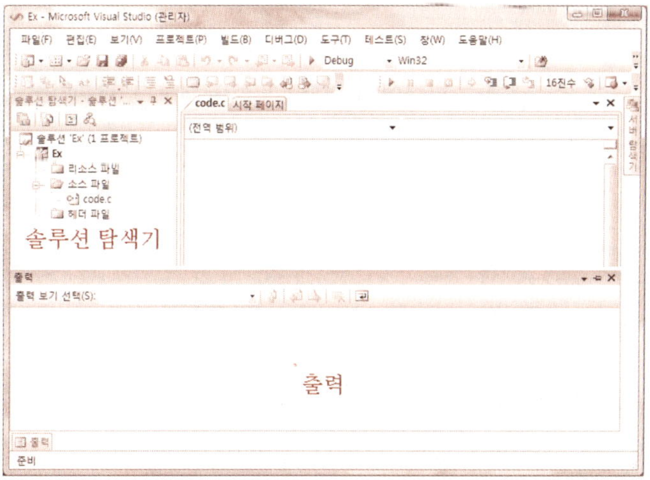


그림 1-10 Visual Studio 2008 화면

## 1.3 main 함수

C 프로그램은 오직 한 개의 main이라는 이름의 함수가 있어야 한다. main 함수는 기본적으로 프로그램 1-1과 같이 작성한다. main 함수는 프로그램을 시작하면 실행되는 함수이며, main 함수가 종료되면 프로그램의 종료된다. 여기서, int는 반환형이 정수임을 의미하고, ( )는 매개변수(parameter)가 없음을 나타내고, {}에 함수의 내용을 작성한다. 아래의 함수의 내용에서 return은 함수를 종료하라는 명령이며, 종료하면서 0을 반환하게 된다. 또한 C 프로그램의 모든 명령(문장, statements)은 세미콜론(;)으로 끝난다.

**프로그램 1-1** 처음 프로그램(01_01.c)

```
int main()
{
  return 0;
}
```

**C 프로그램에는 반드시 한 개의 main 함수가 필요하다.**

## 1.4 실행 코드 생성

새로 생성된 프로젝트에 원시 파일을 추가하여 프로그램 1-1과 같은 내용을 작성하고, 컴파일과 링킹 과정을 수행하면 실행 코드가 생성된다.

Visual Studio 6.0에서 [Build]-[Build xxx.exe]를 선택하면 xxx.exe이라는 실행 파일이 생성된다(xxx는 프로젝트 이름). 여기서 Build(빌드) 과정은 실행 파일을 생성하는 과정이므로 컴파일과 링킹이 모두 수행된다. 만일 현재 열려있는 원시 코드만 컴파일하고 싶다면 [Build]-[Compile xxx.c]를 선택한다(xxx는 원시 파일 이름). 또한 [Build]-[Execute xxx.exe]를 선택하면, 빌드와 동시에 실행 파일을 실행시키므로 실행 결과를 확인할 수 있다(xxx는 프로젝트 이름).

Visual Studio 2008에서는 [빌드]-[xxx 빌드]를 선택하면 실행 파일이 생성된다(xxx는 프로젝트 이름). 컴파일만 수행하는 것은 [빌드]-[컴파일] 메뉴를 이용한다. 또한 [디버그]-[디버깅하지 않고 시작] 메뉴를 선택하면, 빌드와 동시에 실행 파일을 실행시킨다.

## 1.5 오류(error)와 경고(warning)

컴파일 과정에서 컴파일을 제대로 수행하기 어려운 경우에는 오류를 출력하고 컴파일 과정을 중지한다. 링크 과정에서도 동일하게 오류가 발생하면 오류를 출력하고 링킹 과정을 중지한다.

```
int main() {
  x = 10;
  return 0;
}
```

위와 같은 코드를 작성하고, 빌드하면 아래의 Visual Studio 6.0에서는 아래의 컴파일 오류를 출력한다. 이때 오류가 출력된 3번째 줄을 클릭하면 그 코드의 위치로 이동된다.

```
Compiling...
1.c
c:\Ex\1.c(4) : error C2065: 'x' : undeclared identifier
Error executing cl.exe.
```

```
Creating browse info file...

Ex.exe - 1 error(s), 0 warning(s)
```

```
int main() {
  Fn();
  return 0;
}
```

위와 같은 코드를 작성하고, 빌드하면 아래와 같은 링킹 과정의 오류를 출력한다. 컴파일 과정은 원시 파일 단위로 이루어지므로 오류를 클릭하면 오류를 발생한 위치로 이동되지만, 링킹 과정의 오류는 컴파일된 모든 목적 코드를 묶는 과정에서 발생한 것이므로 오류 위치를 이동되지 않는다.

```
Compiling...
1.c
Linking...
1.obj : error LNK2001: unresolved external symbol _Fn
Debug/Ex.exe : fatal error LNK1120: 1 unresolved externals
Error executing link.exe.
Creating browse info file...

Ex.exe - 2 error(s), 0 warning(s)
```

위와 같은 컴파일 오류나 링킹 오류가 발생하면 빌드가 완료되지 않는다. 따라서 오류 메시지의 내용을 확인하고, 그 내용을 명확히 이해하고 수정해야 한다. 또한 컴파일은 항상 위에서 아래로 진행되므로 오류 수정할 때도, 항상 위에 발생한 오류부터 먼저 수정해야 한다. 이것은 앞에서 발생한 오류가 뒤에 영향을 줄 수 있기 때문이다. 이런 경우에는 앞의 오류만 수정해도 뒤의 오류가 자동으로 수정된다.

**항상 앞의 오류부터 오류 메시지를 읽어보고 수정한다.**

```
int main() {
  int x;
  return 0;
}
```

위와 같은 코드를 작성하고, 빌드하면 실행 파일이 생성된다. 하지만 아래와 같은 경고 메시지를 출력한다. 즉, 경고는 빌드 과정에서 문제가 발생할 소지가 있으나, 치명적이지 않으므로 컴파일이나 링킹 과정을 수행한다.

```
Compiling...
1.c
C:\Ex\1.c(2) : warning C4101: 'x' : unreferenced local variable
Linking...
Creating browse info file...

Ex.exe - 0 error(s), 1 warning(s)
```

빌드 과정에서 발생하는 대부분의 경고는 무시해도 되는 내용들이다. 하지만, 사용자의 실수를 알려주는 경우가 있다. 이때는 실행 파일이 생성되어 실행되지만, 실행 시간에 논리적으로 잘못된 결과를 만들 수도 있으며, 치명적인 경우에는 실행 시간에 프로그램이 비정상적으로 종료되는 경우도 있다. 하지만 대부분의 무시될 수 있는 경고들을 수정하지 않고 계속해서 프로그램을 작성하다면, 중요한 경고도 그 안에 포함되어 파악되지 않을 수 있다. 따라서 모든 경고들도 그 내용을 확인하고 수정하는 것이 좋다.

**오류와 경로가 없도록 프로그램을 작성하자.**

C Programming C 프로그래밍 입문과 활용

# 연습문제 01.

C 프로그래밍

1. 컴파일러가 처리하는 동작에 대해 설명하라.

2. 링커가 처리하는 동작에 대해 설명하라.

3. 고급 언어의 특징에 대해 설명하라

4. 다음 코드의 문제점에 대해 설명하라.

```
int main();
{
  return 0
}
```

5. 다음 코드의 문제점에 대해 설명하라.

```
int main
{
  return 0;
}
```

6. 다음 코드의 문제점에 대해 설명하라.

```
int main
  return 0;
```

Programming

Chapter 2

# 화면 출력

Chapter 02

# 화면 출력

## 2.1 화면 출력 프로그램

프로그램 2-1은 화면에 Hello를 출력하는 프로그램이다. 즉, 화면에 어떠한 내용을 출력하기 위해서는 <stdio.h>를 포함하고, printf로 출력할 내용을 작성한다.

**프로그램 2-1** 화면 출력(02_01.c)

```
1   #include <stdio.h>
2
3   int main()
4   {
5     printf("Hello");
6     return 0;
7   }
```

**실행 결과**

```
Hello
```

위의 코드에서 첫 번째 줄은 헤더 파일을 컴파일하기 전에 포함시키는 동작이다. C 프로그램에서 #으로 시작되는 것을 전처리기(preprocessor)라고 하며, 컴파일하기 전에 먼저 처리된다. 여기서 include는 아래와 같이 사용할 수 있으며 <>안에 포함할 파일의 이름을 넣는다. 위의 코드에서 printf를 사용하기 위해서는 미리 stdio.h를 포함해야 되는데, 이것은 printf 함수가 stdio.h에 선언되어 있기 때문이다.

```
#include <fileName>
```

<>안에 들어가는 파일을 헤더 파일(header file)이라고 하며, 원시 파일과 같이 직접적으로 컴파일되지 않으며, 원시 파일에 포함되어 컴파일된다. 컴파일러에서 제공하는 헤더 파일은 <>에 넣고, 사용자가 작성한 헤더 파일은 " "에 넣는다. " "에 포함된 헤더 파일은 현재 작업 폴더에서 먼저 찾고, 지정한 파일이 없으면 컴파일러에서 지정한 include 폴더에서 찾는다. 하지만 <>에 포함된 헤더 파일은 include 폴더에서만 찾는다.

**전처리는 #으로 시작하며 컴파일하기 전에 처리된다.**

printf 함수에서 " "안에 작성한 내용을 문자열(string)이라고 하며, 문자가 연속적으로 나열된 구조를 의미한다.

## 2.2 printf 함수

printf 함수는 기본적으로 아래와 같이 사용할 수 있다. 즉, printMessage에 출력할 내용을 작성한다.

```
printf("printMessage");
```

프로그램 2-2는 Hello와 Programming을 출력하는 프로그램인데, 실행 결과와 같이 줄이 바뀌어서 출력된다. 이것은 가운데에 있는 \n이 줄바꿈 문자이기 때문이다. 여기서 \은 한글 키보드에서는 ₩로 입력한다.

**₩는 한글 윈도우에서는 ₩로 표시된다.**

**프로그램 2-2** 줄 바꿈 출력(02_02.c)

```
#include <stdio.h>

int main()
{
  printf("Hello\nProgramming\n");
  return 0;
}
```

**실행 결과**

```
Hello
Programming
```

\와 문자의 조합으로 한 개의 문자를 나타낼 수 있은데, 주로 표 2-1과 같은 문자들을 표현할 때 사용한다.

**표 2-1** \로 표현한 문자(계속)

| 문자 | 의미 |
| --- | --- |
| '\0' | 널 문자(null character, NUL) |
| '\a' | 경보음(alert, BEL) |
| '\b' | 역 스페이스(backspace, BS) |

**표 2-1** \로 표현한 문자

| 문자 | 의미 |
|---|---|
| '\f' | 페이지 변경(form feed, FF) |
| '\n' | 줄 변경(line feed, LF) |
| '\r' | 줄 처음(carriage return, CR) |
| '\t' | 수평 탭(horizontal tab, HT) |
| '\v' | 수직 탭(vertical tab, VT) |
| '\\' | 역 슬래시(backslash, \) |
| '\'' | 단일 인용 부호(′) |
| "\"" | 이중 인용 부호(″) |

숫자나 다른 문자들을 조합하여 출력하는 경우에는 아래와 같은 형식으로 printf 함수를 사용한다.

```
printf("specification", data);
```

형식 명세(specification)는 자료(data)가 " "안의 문자열에 포함될 형식을 지정한다. 프로그램 2-3에서 %d의 위치에는 123(정수)이, %lf의 위치에는 12.3(실수)이 " "의 문자열에 포함되어 출력된다.

**프로그램 2-3** 형식 명세 이용(02_03.c)

```
#include <stdio.h>
int main()
{
  printf("Integer: %d\n", 123);
  printf("Real: %lf\n", 12.3);
  return 0;
```

```
7    }
```

**실행 결과**

```
Integer: 123
Real: 12.300000
```

한 개의 printf 함수로 여러 개의 자료를 출력하고 싶다면, 아래와 같이 여러 개의 형식 명세와 자료를 printf 함수에 전달한다. 순서대로 data1은 specification1에 출력되고, data2는 specification2에 출력된다.

```
printf("specification1 specification2 ...", data1, data2, ...);
```

여러 자료들에 대한 형식 명세는 표 2-2와 같다.

표 2-2 형식 명세

| 형식 명세 | 설명 |
|---|---|
| %d | 정수 자료를 10진수로 출력 |
| %u | 정수 자료를 부호 없는 10진수로 출력 |
| %o | 정수 자료를 8진수로 출력 |
| %x | 정수 자료를 16진수로 출력 |
| %c | 문자를 출력 |
| %s | 문자열을 출력 |
| %f | 실수(float)를 고정 소수점 형식으로 출력 |
| %lf | 실수(double)를 고정 소수점 형식으로 출력 |
| %e | 실수를 지수 형식으로 출력 |
| %g | %f나 %e를 선택적으로 출력 |
| %p | 기억 장소의 주소를 출력 |

## 2.3 리터럴 상수(literal constant)

상수란 수정할 수 없는 자료를 의미하며, C 프로그램에서 여러 가지 형식으로 사용할 수 있다. 가장 간단한 상수의 형태는 리터럴 상수로서 상수값을 그대로 표현하는 것이다. 이때, 정수는 소수점을 사용하지 않고 표현하며, 실수는 소수점을 가지고 표현하고, 문자는 ' '(작은따옴표)에 넣고, 문자열은 " "(큰따옴표)에 넣어 표현한다. 프로그램 2-4는 여러 종류의 상수를 printf를 통해서 출력하는 프로그램이다.

**프로그램 2-4** 리터럴 상수(02_043.c)

```c
#include <stdio.h>

int main()
{
  printf("Integer: %d\n", 123);    // 정수
  printf("Integer: %d\n", 012);    // 8진 정수
  printf("Integer: %d\n", 0x12);   // 16진 정수
  printf("Real: %lf\n", 12.3);     // 실수
  printf("Real: %e\n", 12.3);      // 실수(지수형식)
  printf("Real: %lf\n", 12.);      // 실수
  printf("Real: %lf\n", 1.23E1);   // 실수
  printf("Character: %c\n", 'A'); // 문자형
  printf("String: %s\n", "Programming"); 문자열
  return 0;
}
```

**실행 결과**

```
Integer: 123
Integer: 10
Integer: 18
Real: 12.300000
Real: 1.230000e+001
Real: 12.000000
```

```
Real: 12.300000
Character: A
String: Programming
```

정수형 리터럴 상수는 8진수 또는 16진수를 표현할 수 있다. 아래와 같이 정수 앞에 0(zero)을 붙이면 8진수이고, 0x(또는 0X)를 붙이면 16진수이다. 프로그램 2-4의 두 번째와 세 번째 실행 결과로 이것을 확인할 수 있다.

```
012  → 8진수 12 → 1*8+2 → 10
0x12 → 16진수 12 → 1*16+2 → 18
0X12 → 16진수 12 → 1*16+2 → 18
```

프로그램 2-4에서 11행의 1.23E1은 실수의 지수 형식 표현 방법으로 아래와 같은 의미를 가진다. 따라서 1.23E1은 12.3이고, 9행의 출력에서 %e에 의해서 12.3은 지수 형식으로 출력되는 것을 볼 수 있다.

□E○ → $□\times10^{○}$
1.23E5 → $1.23\times10^{5}$ → 123000
1.23E-5 → $1.23\times10^{-5}$ → 0.0000123

또한 프로그램 2-4의 여섯 번째 출력과 같이 12.은 소수점이 있으므로 실수형이다. 따라서 형식명세를 %lf로 지정했다.

**10은 정수이고, 10.0과 10.은 실수이다.**

## 2.4 형식 명세 확장

printf의 형식 명세는 아래와 같이 [ ]안의 항목을 포함하여 다양한 형식으로 출력할 수 있다.

```
%[flags][width][.precision]type
```

형식 명세에서 flags(플래그)는 표 2-3과 같이 자료 출력에 부호, 0 채움 등을 지정할 수 있다.

표 2-3 형식 명세의 플래그

| Flag | 설명 |
|---|---|
| - | 왼쪽 정렬(width에서 지정된 폭에서) |
| + | 부호(+) 표시 |
| 0 | 0 채움(width에서 지정된 폭에서) |

width는 출력할 자료의 폭을 지정하고, precision은 실수 출력에서는 소수점이하 자리수를 지정하고, 실수가 아닌 자료는 다른 의미를 가진다. 프로그램 2-5는 다양한 형식 명세의 지정으로 자료를 출력한 프로그램이다. 10행에서 출력할 자료는 1.2345678이지만 소수점이하 세자리만 출력하도록 되어 있으므로 네 번째 자리에서 반올림하여 1.235로 출력한다. 여기서 자료가 1.235로 수정되는 것이 아니라 출력만 바뀐 것이다.

프로그램 2-5 다양한 형식 명세 지정(02_05.c)

```
1  #include <stdio.h>
2
```

```c
int main()
{
  printf("1234567890\n");
  printf("%10d\n", 123);
  printf("%+010d\n", 123);
  printf("%-10d\n", 123);
  printf("%10.3lf\n", 1.23);
  printf("%10.3lf\n", 1.2345678);

  return 0;
}
```

**실행 결과**

```
1234567890
       123
+000000123
123
     1.230
     1.235
```

## 2.5 주석(comment)

주석은 컴파일되지 않는 단순한 설명으로, 프로그램의 작성자, 기능, 구조 흐름 등을 표시하는 것이다. C 프로그램에서 주석은 여러 줄이나 한 줄의 부분을 주석으로 지정하는 블록 주석(block comment)과 한 줄을 주석으로 지정하는 줄 주석(line comment)이 있다. 블록 주석은 /*로 시작해서 */로 끝나며, /* … */의 내용은 컴파일 과정에서 프로그램의 내용으로 인식되지 않는다. 줄 주석은 //로 시작하여 작성하고, //를 포함한 이후의 한 줄 내용은 주석으로 처리된다.

두 가지 주석사용의 예는 아래와 같다.

```
/* 예제 프로그램
  작성자: Lee
  작성일: 2007/1/1 */

int /*a,*/ b, c; // 변수 선언
```

위의의 코드는 아래의 코드로 주석을 제외한 부분만 컴파일된다.

```
int b, c;
```

블록 주석은 여러 줄을 주석 처리하거나 한 줄의 특정 영역만을 주석 처리할 때 사용되며, 중첩해서 사용할 수 없다. 즉, 아래의 예에서 처음의 주석 시작 기호(/*)만 읽고 주석 끝 기호(*/)를 찾기 때문에, 컴파일 과정에서 오류가 나타난다.

**/*...*/ 주석은 중첩해서 사용할 수 없다.**

```
int a, b, c;

// a = 10;    // 변수 선언

/*
  /* b = a + 10;  */
   c = a + b;
*/
```

C Programming C 프로그래밍 입문과 활용

# 연습문제 02.

화면 출력

1. 리터럴 상수에 대해 설명하라.

2. 주석에 대해 설명하라.

3. 다음 프로그램의 문제점에 대해 설명하라.

```
#include <stdio.h>
int main() {
  printf("%lf", 10);
  return 0;
}
```

4. 다음 프로그램의 문제점에 대해 설명하라.

```
#include <stdio.h>
int main() {
/* printf("%d", 10/*, 20*/);*/
  return 0;
}
```

5. 다음 프로그램의 문제점에 대해 설명하라.

```
#include <stdio.h>
int main() {
  printf("%d", 5.);
```

```
  return 0;
}
```

6. 다음 코드의 출력 결과를 예상하고 그 이유를 설명하라.

```
printf("%d", 123);
printf("%o", 123);
printf("%x", 123);
printf("%5.2lf", 12.98765);
printf("%e", 1.2345);
```

7. 다음 코드의 출력 결과를 예상하고 그 이유를 설명하라.

```
printf("%d", 123);
printf("%o", 0123);
printf("%x", 0x123);
printf("%2.3lf", 1.234567E+5);
printf("%e", 1.2E-5);
```

8. printf 함수와 형식 명세를 이용하여, 정수 10, 실수 2.5, 문자 'K'와 문자열 "C Programming"을 출력하는 프로그램을 작성하라.

# Chapter 3
# 변수에 자료 저장

Chapter 03

# 변수에 자료 저장

## 3.1 자료형(data type)

우리가 사용하는 디지털 컴퓨터에서 모든 자료는 이진값으로 저장되기 때문에 여러 종류의 자료(정수, 실수, 문자 등)들을 표현하기 위해서는 미리 표준화된 방법이 있어야 한다. C 언어에서는 이러한 자료들을 명확한 형태로 구분하여 사용하기 때문에 각 자료형의 특징을 알고 있어야 한다. 이와 같은 자료형은 표 3-1과 같이 빈형(void), 문자형(character), 정수형(integer)과 부동 소수점형(floating-point)으로 구분할 수 있다.

빈형(void)은 자료형이 없는 것으로, 나중에 함수나 포인터에서 사용된다.

문자형(char)은 앞 장에서 설명된 ' '로 표현된 문자를 저장하는 형식으로, ASCII(American Standard Code for Information Interchange)나 EBCDIC(Extended Binary Coded Decimal Interchange Code) 등의 코드가 주로 사용된다. 하지만, 대부분 ASCII 코드를 사용하므로 이 책에서는 ASCII 코드를 기준으로 설명한다. ASCII나 EBCDIC는 이진값으로 저장되는 자료를 기호를 부여하여 약속한 것이다.

ASCII 코드의 내용은 부록에 표로 작성되어 있다. 여기서 부호가 표현되는 문자이고, 10진과 16진값은 각문자를 표현하기 위해 메모리에 저장되는 이진값을 숫자로 나타낸 것이다.

표 3-1 자료형

| 종류 | 선언형 |
| --- | --- |
| 빈형 | void |
| 문자형 | char<br>unsigned char |
| 정수형 | int<br>unsigned (int)<br>short (int)<br>unsigned short (int)<br>long (int)<br>unsigned long (int) |
| 부동 소수점형 | float<br>double |

우리가 사용하는 대소 영문자(A~Z, a~z), 숫자(0~9)와 기호(#, &, *, ...) 들을 약 100자 정도이다. 이진수 7비트가 $2^7$(128)가지를 표현할 수 있으므로 이와 같은 기호는 7비트로 표현할 수 있다. 따라서 기본적인 ASCII 코드는 7비트로 구성된다

우리가 사용하는 컴퓨터는 대부분 자료를 바이트 단위로 관리하므로 문자형은 1Byte에 저장된다. 프로그램 3-1은 문자를 출력한 예로서 'A'와 65가 동일한 것을 알 수 있다. 즉, 1바이트 저장 공간에 65를 저장되어 있을 때, 정수형으로 읽으면 65이고 문자형으로 읽으면 'A'가 된다.

**프로그램 3-1** 문자 출력 (03_01.c)

```
#include <stdio.h>

int main()
{
  printf("%c%c\n",65, 'A');
```

```
    printf("%c%c\n",35, '#');
    printf("%c%c\n",90, 'Z');
    printf("%c%c\n",97, 'a');
    printf("%c%c\n",74, 'J');

    printf("%d%d\n",65, 'A');
    printf("%d%d\n",35, '#');
    printf("%d%d\n",90, 'Z');
    printf("%d%d\n",97, 'a');
    printf("%d%d\n",74, 'J');

    return 0;
}
```

**실행 결과**

```
AA
##
ZZ
aa
JJ
6565
3535
9090
9797
7474
```

정수형(int)은 수소점이하가 없는 정수를 표현하는 자료형으로, 2바이트와 4바이트가 있다. 또한 일반적으로 정수라고 하면 음수도 포함하고 있기 때문에 기본적인 정수형은 음수, 0과 양수를 모두 표현한다. 표 3-2와 같이 short와 long은 각각 2바이트와 4바이트 정수이고, unsigned short와 unsigned long은 부호가 없는 정수로서 음수를 표현하지 않고 0과 양수만을 표현한다. int형은 컴퓨터에 따라서 2바이트 정수 또는 4바이트 정수로 사용된다. 또한 앞에서 설명한 문자형도 작은 범위(1바이트)의 정수를 표현하는데 사용한다.

**char 형은 문자뿐만 아니라 작은 범위의 정수를 처리하기 위해서도 사용된다.**

표 3-2 정수형

| 선언형 | 특징 |
|---|---|
| short (int) | 2바이트 정수, -32,768~32,767 |
| long (int) | 4바이트 정수, -2,147,483,648~2,147,483,647 |
| int | 2바이트 또는 4바이트 정수 |
| unsigned short (int) | 부호 없는 2바이트 정수(0과 양수만 표현), 0~65,535 |
| unsigned long (int) | 부호 없는 4바이트 정수, 0~4,294,967,295 |
| unsigned (int) | 부호 없는 2바이트 또는 4바이트 정수 |
| char | 1바이트 정수, -128~127 |
| unsigned char | 부호 없는 1바이트 정수, 0~255 |

부동 소수섬형(float)은 작은 저장 공간에 큰 범위의 실수를 저장하기 위하여 자료를 지수 형태로 저장한다. 부동 소수점형은 제한된 유효 숫자 범위를 가지게 된다. float형은 4바이트 부동 소수점 자료형으로 양수의 저장 범위는 $1.175494351 \times 10^{-38}$~$3.402823466 \times 10^{+38}$이지만 십진수로 약 6자리의 정밀도(precision, 유효 숫자 범위)를 가진다. double형은 8바이트 부동 소수점 자료형으로 양수의 저징 범위는 약 $10^{-308}$~$10^{+308}$이고 십진수로 약 15자리의 정밀도를 가진다.

## 3.2 변수(variable)

변수란 상수와 다른 개념으로 값을 수정할 수 있는 자료이다. 따라서 앞에서 다룬 리터럴 상수와는 다르게 저장될 공간에 이름이 있어야 그 이름을 통해서 자료를 접근하고 수정할 수 있다. 이와 같이 변수에 이름을 짓는 것을 선언(declaration)이라고 한다. 또한 변수를 선언하면 그 변수가 생성되는데 이것을 정의(definition)이라고 한다. 일반적으로 변수를 선언하면 동시의 정의가 된다. 하지만 외부에 있는 변수를 사용하기 위하여 선언하는 경우에는 정의가 되지 않는다. 변수의 선언은 기본적으로 아래와 같은 형식을 사용한다.

```
dataType varName;
```

위의 선언에서 dataType은 자료형으로 char, int, unsigned short, float 등이 되고, varName은 변수 이름으로 사용자가 이름을 작성한다. 이러한 이름은 다른 변수들과 구분되는 이름이어야 하므로 식별어(identifier)라고 하고, 아래와 같은 규칙으로 작성한다.

1. 식별어는 알파벳 문자(a~z, A~Z), 숫자 (0~9)와 밑줄(underscore, _)이 이름으로 사용될 수 있다.
2. 식별어는 숫자로 시작할 수 없다.
3. 식별어는 알파벳 대문자와 소문자를 구분한다.
4. 내부적으로 지정된 키워드(keyword)는 식별어로 사용할 수 없다.
5. ANSI C 표준에서는 처음 31자까지 구분한다.

**식별어(변수 등의 이름)는 숫자로 시작할 수 없다.**

위의 규칙에서 키워드는 내부적으로 지정되어 사용되는 단어로서 C에서는 아래와 같은 키워드가 있다.

```
auto      break   case    char   const    continue
default   do      double  else   enum     extern
float     for     goto    if     inline   int
```

```
long        register   restrict   return    short     signed
sizeof      static     struct     switch    typedef   union
unsigned    void       volatile   while     _Bool     _Complex
_Imaginary
```

동일한 자료형으로 여러 개의 변수를 선언하는 것은 아래와 같이 콤마(,)로 구분해서 변수명을 나열한다.

```
dataType varName1, varName2, varName3;
```

C 언어에서 변수를 선언하고 값을 지정하지 않으면 쓰레기 값(garbage)이 남아 있다. 변수의 값을 선언하고 나서 나중에 값을 지정할 수도 있지만, 아래와 같이 선언하면서 =을 이용하여 값을 지정할 수 있다.

```
dataType varName1 = xxx, varName2, varName3 = xxx;
```

프로그램 3-2는 변수를 선언하고 값을 초기화한 예제를 보여주는 프로그램이다. a와 c는 각각 10과 20으로 초기화되어 10과 20으로 출력되지만, b는 값을 지정하지 않았으므로 쓰레기 값이 출력되는 것을 볼 수 있다.

**선언하고 초기화하지 않은 변수는 쓰레기 값을 가지고 있다.**

프로그램 3-2 변수 선언 (03_02.c)

```
#include <stdio.h>

```

```c
int main()
{
  int a = 10, b, c = 20;

  printf("%d\n", a);
  printf("%d\n", b);
  printf("%d\n", c);

  return 0;
}
```

**실행 결과**

```
10
-858993460
20
```

C에서 지역 변수(local variable)의 선언은 항상 함수에서 가장 먼저 선언 되어야 한다. 즉, 아래와 같이 변수 선언이 아닌 다른 수식(x=10)을 사용하고 변수(int y)를 선언할 수 없다.

```c
int x;
x=10;
int y;    // 변수 선언 오류
```

여기서 지역 변수란 함수 안에서 선언되는 변수를 의미하고, 함수 밖에서 선언되는 변수를 전역 변수(global variable)라고 한다. 이와 같은 전역 변수와 지역 변수의 자세한 사용은 13장에서 소개한다.

**C에서 지역 변수는 함수 가장 앞에 선언해야 한다.**

## 3.3 대입 연산자(assignment operator)

변수에 저장된 값을 수정하는 것은 대입 연산자를 이용한다. 연산자의 자세한 개념은 다음 장에서 설명하고 여기서는 대입 연산자의 사용법만 설명한다. 대입 연산자는 =으로 표현되며, 아래와 같이 사용한다. 여기서 variable은 변수를 의미하고 expression은 수식(연산식)을 의미한다. 연산식에는 상수, 변수가 될 수도 있고 +, -등의 연산식이 포함될 수 있다.

```
variable = expression;
```

위의 대입 연산의 동작은 오른쪽의 연산식의 결과가 왼쪽의 변수에 대입된다. 따라서 우리가 흔히 알고 있는 수학의 = 기호와는 다른 의미로 사용된다. 또한, 오른쪽 결과가 왼쪽에 대입되므로 왼쪽에는 상수, 수식은 올 수 없다(특별한 경우의 수식(첨자 연산자, 전위 증/감 연산자, 간접 연산자, 대입 연산자)이 대입 연산자의 왼쪽에 올 수 있다). 프로그램 3-3은 대입 연산자를 사용하여 b의 값을 a와 c로 바꾸는 것을 보여주는 프로그램으로 7행이 처리되기 전까지 b는 쓰레기 값을 가지고 있지만 7행에서 b는 a의 값이 대입되고, 11행에서 b는 c의 값이 대입된다.

**일반적으로 대입 연산자의 왼쪽에는 변수가 지정된다.**

**프로그램 3-3** 변수 사용 (03_03.c)

```
1  #include <stdio.h>
2
3  int main()
```

```
{
  int a = 10, b, c = 20;

  b = a;
  printf("%d\n", a);
  printf("%d\n", b);

  b = c;
  printf("%d\n", b);
  printf("%d\n", c);

  return 0;
}
```

**실행 결과**

```
10
10
20
20
```

## 3.4 sizeof 연산자

sizeof 연산자는 아래와 같이 사용하며, 결과는 ( )안의 피연산자의 byte 크기이다. dataType은 int, double 등과 같은 자료형이 될 수 있고, expression은 수식으로 수식의 결과를 가지는 자료형의 크기이다.

```
sizeof(dataType)
sizeof(expression)
```

프로그램 3-4는 sizeof 연산자의 사용을 보인 예로서, 5~8행은 자료형을 피연산자로 지정하였고, 10행과 11행은 수식을 피연산자로 지정했다. 10행의 x는 double 형이므로 sizeof(double)과 동일하고, 11행의 10+2*3은 정수형(int)이므로 sizeof(int)와 동일한 결과를 보인다.

**프로그램 3-4** sizeof 연산자의 사용 (03_04.c)

```
1   #include <stdio.h>
2
3   int main() {
4     double x = 10;
5     printf("%d\n", sizeof(char));
6     printf("%d\n", sizeof(int));
7     printf("%d\n", sizeof(float));
8     printf("%d\n", sizeof(double));
9
10    printf("%d\n", sizeof(x));
11    printf("%d\n", sizeof(10+2*3));
12
13    return 0;
14  }
```

**실행 결과**

```
1
4
4
8
8
4
```

## 3.5 상수(constant)

2장에서 설명된 리터럴 상수는 상수값 자체로 표현되는 상수인데, 상수도 변수와 같이 이름을 가지고 사용할 수 있다. 이와 같은 방법은 정의된 상수(define constant)나 메모리 상수(memory constant)를 사용할 수 있다.

정의된 상수는 아래와 같이 #define을 이용한다. 여기서 constName은 상수 이름이고 constValue는 constName이 가지는 상수값이다. define은 #으로 시작하므로 include와 같은 전처리문이다. 즉, 컴파일하기 전에 동작하며, 아래의 코드에서 constName으로 표현된 부분을 constValue로 바꾸고 컴파일한다. 정의된 상수는 C에서 가장 많이 사용하는 상수를 표현하는 방법으로 다른 변수와 이름을 구분하기 위해서 constName은 습관적으로 대문자를 이용한다.

```
#define constName constValue
```

프로그램 3-5는 정의된 상수를 사용한 예로서 9행에서 PI는 컴파일하기 전에 3.14159로 바뀌게 된다.

**#define은 전처리기로서 컴파일하기 전에 처리된다.**

**프로그램 3-5** 정의된 상수의 사용 (03_05.c)

```
1   #include <stdio.h>
2
3   #define PI  3.14159
4
5   int main()
6   {
7     double a;
8
9     a = PI;
10    printf("%lf\n", a);
```

```

    return 0;
}
```

**실행 결과**

```
3.141590
```

정의된 상수의 사용에서 =과 ;이 없다. 만일 아래와 같이 =와 ;를 사용한다면 PI가 =3.14159;로 바뀌게 된다. 따라서 정의된 상수의 사용에서 아래와 같은 오류를 주의해야 한다.

```
#define PI =3.14159;   // PI가 =3.141592;로 변경
```

**#define으로 상수를 정의할 때, =과 ;를 사용하지 않는다.**

메모리 상수는 변수의 선언에 상수 지정을 추가하여 수정될 수 없음을 알리는 상수이다. 메모리 상수의 사용은 아래와 같이 변수를 선언하고 초기화하는 것과 비슷하지만 앞에 const를 추가하여 상수임을 지정한다.

```
const dataType constName = xxx;
```

메모리 상수는 변수와 비슷하게 선언되지만 상수이기 때문에 선언 후에 값을 수정할 수 없다. 즉, 대입 연산자의 왼쪽에 올 수 없다. 프로그램 3-6은 앞의 정의된 상수를 사용하는 프로그램을 메모리 상수의 사용으로 수정한 것이다.

**const로 선언되는 상수는 선언과 동시에 초기화해야 한다.**

**프로그램 3-6** 메모리 상수의 사용 (03_06.c)

```c
#include <stdio.h>

int main()
{
  double a;
  const double PI = 3.14159;

  a = PI;
  printf("%lf\n", a);

  return 0;
}
```

**실행 결과**

```
3.141590
```

C Programming C 프로그래밍 입문과 활용

# 연습문제 03

변수에 자료 저장

1. 디지털 컴퓨터에서 자료형을 구분하는 이유는 무엇이인가?

2. char 형이 작은 범위의 정수를 저장할 수 있는 이유에 대해 설명하라.

3. 부동 소수점 표현이 동일한 저장 공간으로 아주 큰 수나 아주 작은 수를 표현할 수 있는 이유에 대해 설명하라.

4. unsigned 가 붙은 자료형의 종류와 특징에 대해 설명하라.

5. 변수에 대해 설명하라.

6. 정의된 상수가 처리되는 과정을 설명하라.

7. 다음 코드의 문제점에 대해 설명하라.

```
x = 10;
int x;
```

8. 다음 코드의 문제점에 대해 설명하라.

```
int x, y; z;
```

9. 다음 코드의 문제점에 대해 설명하라.

```
const int x;
x = 20;
```

10. 다음 코드의 문제점에 대해 설명하라.

```
int x;
10 = x;
```

11. 다음 프로그램의 문제점에 대해 설명하라.

```
#include <stdio.h>
#define MAX = 1000;

int main() {
  printf("%d\n", MAX);

  return 0;
}
```

12. 다음 코드의 문제점에 대해 설명하라.

```
const double pi;
pi = 3.141592;

printf("%lf", pi);
```

13. 문자형, 정수형, 실수형 변수를 선언하고, 각각 순서대로 'Z', 10, 25.5를 저장하고 출력하는 프로그램을 작성하라.

Programming

Chapter 4

# 자료 연산

Chapter 04

# 자료 연산

## 4.1 산술 연산자(arithmetic operator)

연산식(expression)은 연산자(operator)와 피연산자(operand)로 조합된 식을 의미하며, 항상 한 개의 결과를 가진다. 연산자는 연산식을 표현하는 기호로서 그 기능에 따라서 산술, 논리, 관계 등의 연산자로 구분된다. 산술식을 위한 덧셈, 빼셈, 곱셈과 나눗셈은 각각 +, -, *, /로 표시하며 산술 연산자라고 한다. 피연산자는 연산자에 의해서 연산이 수행되는 대상이다. 즉, 아래의 연산식에서 5와 3은 피연산자이고, +는 연산자이다. 아래의 연산식은 한 개의 결과 8이 된다.

```
5+3      // +: 덧셈을 표시하는 연산자
         // 5와 3: 덧셈이 수행되는 대상(피연산자)
         // 한 개의 결과 8로 계산
```

수학에서도 곱셈과 나눗셈은 덧셈과 빼셈보다 먼저 연산한다. 이러한 순서를 연산자 우선순위(precedence)라고 하며, 사칙 연산에서는 수학과 동일한 순위를 가진다. 따라서 아래의 수식은 3*2부터 수행된다.

```
5+3*2  // 3*2부터 수행 → 결과 6
       // 5+6수행 → 결과 11
```

만일 연산자 우선순위를 모르거나 연산자 우선순위와 다르게 연산을 수행하고 싶다면, 아래와 같이 괄호안에 연산식을 넣어 먼저 연산을 수행한다. 이 괄호는 중첩해서 사용할 수 있으며 ( ) 괄호만 사용한다.

```
2*((5+3)%2)    // 5+3부터 수행 → 결과 8
               // 8%2 수행 → 결과 0
               // 2*0 수행 → 결과 0
```

C 언어에는 특별한 산술 연산자가 있으며 %로 표시되고, 결과는 앞의 피연산자를 뒤의 피연산자로 나눈 정수 나머지를 의미한다. 그래서 % 연산자를 나머지 연산자(remainder, modulus operator)라고 한다. % 연산자의 결과는 정수 나머지이므로 다른 산술 연산자와 달리 피연산자는 반드시 정수형 자료만 사용할 수 있다. 아래의 예에서 결과는 5를 2로 나눈 정수 나머지로서 1이 된다.

```
5%2        // 결과는 5를 2로 나눈 정수 나머지로 1
           // % 연산자의 피연산자는 모두 정수형 자료
```

또한 % 연사자의 우선순위는 *, /와 동일하다. 따라서 아래의 수식은 3%2부터 수행된다.

```
5+3%2  // 3%2부터 수행 → 결과 1
       // 5+1수행 → 결과 6
```

## 4.2 산술 연산의 특징

프로그램 4-1은 산술 연산의 특징을 정리한 프로그램이다. 5~9행은 일반적인 수학 연산과 결과가 동일하다. 하지만 11행의 결과는 2가 되는 이것은 정수와 정수간의 산술 연산의 결과는 정수이기 때문이다. 또한 5.0과 2.0은 실수이지만 12행과 같이 %d로 출력하면 출력 결과를 예측할 수 없다. 하지만 %lf로 출력하면 실수의 출력 2.5를 가진다. 앞 장에서 문자형은 작은 범위의 정수로 처리될 수 있다고 했다. 따라서 16행의 '0'은 ASCII 48번의 코드를 의미하므로 48+5의 결과 53을 출력한다.

**정수 나누기 정수는 정수이다. 즉, 결과에 소수점 이하가 저장되지 않는다.**

**프로그램 4-1** 산술 연산의 특징 (04_01.c)

```
1   #include <stdio.h>
2
3   int main()
4   {
5     printf("%d\n", 4+2);
6     printf("%d\n", 4-2);
7     printf("%d\n", 4*2);
8     printf("%d\n", 4/2);
9     printf("%d\n\n", 4%2);
10
11    printf("%d\n", 5/2);          // 정수 나누기 정수는 정수
12    printf("%d\n", 5.0/2.0);      // 형식 명세 오류
13    printf("%lf\n\n", 5.0/2.0);  // 실수 나누기 실수는 실수
14
15    printf("%d\n", 0+5);
16    printf("%d\n", '0'+5);
```

```
    return 0;
}
```

**실행 결과**

```
6
2
8
2
0

2
0
2.500000

5
53
```

## 4.3 부호 연산자(sign operator)

수학적 표현과 같이 C 언어에서도 아래와 같은 표현이 가능하다. 가운데의 +은 덧셈을 표시하는 연산자이지만, 5와 3앞에 있는 +와 -는 양수와 음수를 나타내는 연산자이다. 이와 같은 연산자는 덧셈, 뺄셈, 곱셈, 나눗셈과 나머지 연산자들 보다 우선순위가 높다. 따라서 먼저 5에 양수 기호를 취하고 3에 음수 기호를 취하여 (+5) + (-3)이 되어 결과는 2이다.

```
+5 + -3  // (+5) + (-3)
```

부호 연산자와 같이 피연산자가 한 개 필요한 연산자를 단항 연산자(unary operator)라고 하고, 덧셈, 뺄셈, 곱셈, 나눗셈과 나머지 연산자와 같이 두 개의 피연산자가 필요한 연산자를 이항 연산자(binary operator)라고 한다.

## 4.4 증감 연산자(increment/decrement operator)

C 언어에는 변수의 값을 1 증가시키거나 1 감소시키는 특별한 연산자를 제공한다. 이러한 연산자는 한 개의 변수를 수정하므로 단항 연산자이다. 변수 앞이나 뒤에 증가 연산자(++)를 취하면 그 변수는 1 증가하고, 감소 연산자(--)를 취하면 1 감소한다. 프로그램 4-2는 증감 연산자의 동작의 예를 보여주는 프로그램으로 ++(또는 --)가 x앞이나 뒤에 있으면 x가 1 증가(또는 감소)되는 것을 볼 수 있다.

**프로그램 4-2** 증감 연산자1 (04_02.c)

```
#include <stdio.h>

int main()
{
  int x = 1;

  ++x;
  printf("%d\n", x);
  x = 1;
  x++;
  printf("%d\n", x);

  x = 1;
  --x;
  printf("%d\n", x);
  x = 1;
  x--;
```

```
    printf("%d\n", x);

    return 0;
}
```

**실행 결과**

```
2
2
0
0
```

C 프로그램의 연산식은 산술 연산과 같이 단순히 결과만을 가지는 경우와 동작을 같이 가지는 경우가 있다. 프로그램 4-2에서 증감 연산자에 의해 x의 값이 바뀌는 것은 연산의 동작이다.

연산자(++나 --)가 피연산자 앞에 오는 경우(전위 증감 연산자, prefix increment/decrement operator)와 뒤에 오는 경우(후위 증감 연산자, postfix increment/decrement operator)의 연산 결과는 서로 다르다. 아래와 같이 전위 증가 연산자에 의한 동작은 x를 1증가시키는 것이고, ++x의 결과는 x를 증가시킨 값이다. 따라서 y에 대입되는 ++x의 결과는 2가 된다.

```
int x = 1, y;
y = ++x;   // ++x의 결과는 증가시킨 후의 값
```

하지만, 아래와 같이 후위 증가 연산의 결과는 x를 증가시키기 전의 값이다. 따라서 y에 대입되는 x++의 결과는 1이 된다.

```
int x = 1, y;
y = x++;   // ++x의 결과는 증가시키기 전의 값
```

**전위 증가(감소) 연산자와 후위 증가(감소) 연산자는 피연산자를 1증가(감소)시키는 동작은 같으나, 결과값은 다르다.**

전위와 후위 증감 연산자의 동작과 결과는 프로그램 4-3의 결과로 확인할 수 있다. 7행과 10행에서 x는 모두 1증가되어 2가 되지만, 7행의 y는 x의 증가된 값이 대입되어 2가 되고, 10행의 y는 x의 증가되기 전의 값이 대입되어 1이 된다. 14행과 17행의 감소 연산자도 동일한 동작을 수행하는 것을 확인할 수 있다.

**프로그램 4-3** 증감 연산자2 (04_03.c)

```
1   #include <stdio.h>
2
3   int main()
4   {
5     int x = 1, y;
6
7     y = ++x;        // x를 1증가, y에 증가된 x를 대입
8     printf("%d, %d\n", x, y);
9     x = 1;
10    y = x++;        // x를 1증가, y에 증가되기 전의 x를 대입
11    printf("%d, %d\n", x, y);
12
13    x = 1;
14    y = --x;        // x를 1감소, y에 감소된 x를 대입
15    printf("%d, %d\n", x, y);
16    x = 1;
17    y = x--;        // x를 1감소, y에 감소되지 전의 x를 대입
18    printf("%d, %d\n", x, y);
19
20    return 0;
21  }
```

**실행 결과**

```
2, 2
2, 1
0, 0
0, 1
```

## 4.5 산술 연산자 우선순위(precedence) 및 결합성(associativity)

연산자 우선순위는 여러 연산자들로 구성된 연산식을 평가하는 순서이고, 결합성은 연산자 우선순위가 동일한 연산자들로 구성된 연산식을 평가하는 순서이다. 아래와 같이 +, -로 구성된 연산식은 연산자 우선순위가 동일하지만 왼쪽에서 오른쪽으로 연산을 수행한다. 따라서 연산의 결합성은 좌에서 우이다.

```
1+2-2    // 1+2부터 수행 → 결과 3
         // 3-2 수행 → 결과 1
```

하지만 아래의 수식은 우에서 좌의 결합성을 가지고 있으므로, 먼저 ++부터 수행하고, 나중에 --를 취한다.

```
int x = 1;
- ++x    // 먼저 ++ 수행 → x는 1증가, 결과는 2
         // ++x의 결과(2)에 -를 취함 → 결과 -2
```

앞에서 기술한 산술 연산자들의 상대적인 연산 순위 및 결합성은 표 4-1과 같다. 즉, 후위 증감 연산자가 가장 높고, 전위 증감 연산자와 부호 연산자의 우선순위는 동일하다. 이항 연산자들은 단항 연산자들에 비해 우선순위가 낮고, *, /, %는 +, -에 비해 높다.

표 4-1 산술 연산자 우선순위 및 결합성

| 연산자(높은 우선순위 순) | 이름(의미) | 결합성 |
|---|---|---|
| ++, -- | 후위 증감 연산자 | → |
| ++, --, +, - | 전위 증감 연산자, 부호 연산자 | ← |
| *, /, % | 곱셈, 나눗셈, 나머지 연산자 | → |
| +, - | 덧셈, 뺄셈 연산자 | → |

아래 같은 연산에서 y+1의 결과가 x에 대입되는 것은 대입 연산자(=)의 연산자 우선순위가 덧셈 연산자(+)보다 낮으며, 대입 연산자의 결합성은 오른쪽에서 왼쪽이라는 것을 알 수 있다. 대입 연산자는 10장에서 설명될 콤마 연산자(,)를 제외하면 가장 낮은 연산자 우선순위를 가진다.

```
x = y+1;
```

## 4.6 복합 대입 연산자 1

이항 연산자의 기능과 대입 연산자의 기능을 복합한 대입 연산자를 복합 대입 연산자라고 하며, 그 종류는 산술 연산자와 비트 단위 연산자로 구성된다. 여기서는 산술 복합 대입 연산자만 언급하고, 다른 복합 대입 연산자는 26장에서 소개한다. 산술 연산자의 기능을 복합한 대입 연산자는 표 4-2와 같다.

표 4-2의 복합 대입 연산자의 사용은 아래와 같으며, 주석의 설명과 같이 동작한다. 복합 대입 연산자도 대입 연산자와 같은 연산자 우선순위를 가지므로 아래와 같이 오른쪽의 수식이 먼저 계산되고(괄호로 설명), 복합 대입 연산이 수행된다.

표 4-2 복합 대입 연산자 1

| 연산자 | 이름(의미) |
|---|---|
| += | 좌변에 우변을 더한(+) 결과를 좌변에 대입 |
| -= | 좌변을 우변으로 뺀(-) 결과를 좌변에 대입 |
| *= | 좌변에 우변을 곱한(*) 결과를 좌변에 대입 |
| /= | 좌변을 우변으로 나눈(/) 결과를 좌변에 대입 |
| %= | 좌변을 우변으로 나눈 나머지를(%) 좌변에 대입 |

```
variable += expression;   // variable = variable + (expression);
variable -= expression;   // variable = variable - (expression);
variable *= expression;   // variable = variable * (expression);
variable /= expression;   // variable = variable / (expression);
variable %= expression;   // variable = variable % (expression);
```

변수 x의 값을 1증가 시키는 것은 아래와 같이, 여러 가지 방법으로 표현할 수 있다.

```
x = x + 1;          ++x;          x++;          x += 1;
```

## 4.7 자료형 변환(type conversion)

정수와 정수의 연산은 정수이고, 실수와 실수의 연산은 실수이다. 만일 정수와 실수가 연산한다면, 그 결과는 직관적으로 생각하더라도 실수이어야 한다. 이러한 정수와 실수의 연산이 있다면, 정수는 실수로 변환하고 실수와 실수로 연산되어야 실수의 결과를 가진다. 이와 같이 정수와 실수의 연산에서 정수가 실수로 변환되는 것을 묵시적 형변환(implicit type conversion)이라고 하며, 큰 자료를 저장하는 방향으로 변환된다. 즉, short와

long의 연산은 short가 long으로 변환되고, int와 double의 연산은 int가 double 변환된다. 프로그램 4-4는 묵시적 형변환의 결과를 나타내는 프로그램으로, 11행과 17행의 연산에서 정수형 자료(2와 x)는 double형으로 변환되어 연산된다.

**프로그램 4-4** 묵시적 형변환 (04_04.c)

```
1   #include <stdio.h>
2
3   int main()
4   {
5     int x = 5;
6     double y = 2.0, z;
7
8     z = 5/2;              // 정수/정수
9     printf("%lf\n", z);
10
11    z = 5.0/2;            // 실수/정수→ 실수/실수
12    printf("%lf\n", z);
13
14    z = 5.0/2.0;          // 실수/실수
15    printf("%lf\n", z);
16
17    z = x/y;              // 정수/실수 → 실수/실수
18    printf("%lf\n", z);
19
20    return 0;
21  }
```

**실행 결과**

```
2.000000
2.500000
2.500000
2.500000
```

int형 변수는 정수형 자료를 저장할 수 있으므로, int형 자료에 double 형 자료를 저장

하면 자료의 손실이 발생한다. 프로그램 4-5의 6행에서 y는 정수형 변수이므로 10.5의 소수점이하가 손실되어 10이 저장되고, 8행의 5.0/2.0의 2.5의 결과도 소수점이하가 손실되어 2가 저장된다.

**프로그램 4-5** 대입 연산자에 의한 자료 손실 (04_05.c)

```
1  #include <stdio.h>
2
3  int main()
4  {
5    int x;
6    int y = 10.5;
7
8    x = 5.0/2.0;
9    printf("%d %d\n", x, y);
10
11   return 0;
12 }
```

**실행 결과**

```
2 10
```

묵시적 형변환은 사용자가 특별히 지정하지 않아도 자료형이 변환되는 형태이다. 이와 달리 사용자가 자료형을 연산식에서 특별한 자료형으로 변경을 지정할 수 있으며, 이것을 명시적 형변환(explicit type conversion, cast)이라고 한다. 이와 같은 자료형의 변환은 아래와 같이 사용하며, expression의 결과는 dataType의 자료형으로 수정된다.

```
(dataType)expression
```

아래와 같이 5앞에 (double)을 추가하면, 결과가 double형 5가 되어 연산된다. 또한 형변환 연산자는 단항 연산자로서 부호 연산자와 동일한 우선순위와 결합성을 가진다.

```
(double)5/(double)2   // (double)5부터 수행 → 결과 5.0
                      // (double)2 수행 → 결과 2.0
                      // 5.0/2.0 수행 → 결과 2.5
```

프로그램 4-6은 명시적 형변환의 예로서, 8행에서 5와 2는 모두 명시적으로 형변환되고, 11행에서는 먼저 5가 명시적으로 형변환되고 2가 묵시적으로 형변환되어 실수 연산을 수행한다. 하지만 14행의 연산은 5/2를 수행한 정수 2를 double형으로 변환하였으므로 2.0이 된다. 또한, 17행에서 y를 double형으로 형변환한 결과가 실수이지 y 자체는 변경되지 않는다. 따라서 18행의 결과는 정수의 연산이므로 4가 된다.

**프로그램 4-6** 명시적 형변환 (04_06.c)

```
1   #include <stdio.h>
2
3   int main()
4   {
5     double x;
6     int y = 9;
7
8     x = (double)5/(double)2;
9     printf("%lf\n", x);
10
11    x = (double)5/2;        // (double)5 → 5.0
12    printf("%lf\n", x);
13
14    x = (double)(5/2);      // 정수/정수의 결과를 형변환(double)
15    printf("%lf\n", x);
16
17    (double)y;
18    x = y/2;
19    printf("%lf\n", x);
20
21    return 0;
22  }
```

**실행 결과**

```
2.500000
2.500000
2.000000
4.000000
```

C Programming C 프로그래밍 입문과 활용

# 연습문제 04. 자료 연산

1. 나머지 연산자의 기능에 대해서 설명하라.

2. 전위 증가 연산자와 후위 증가 연산자의 차이를 설명하라.

3. 연산자 우선순위란 무엇인가?

4. 명시적 형변환 방법에 대해 설명하라.

5. 단항 연산자와 이항 연산자의 차이에 대해 설명하라.

6. 다음 코드의 문제점에 대해 설명하라.

```
printf("%d", 10%2.5);
```

7. 다음 코드의 문제점에 대해 설명하라.

```
printf("%lf", 9%2);
```

8. 다음 코드의 출력 결과를 예상하고 그 이유를 설명하라.

```
int x = 10, y = 7;
printf("%d\n", x/y);
```

9. 다음 코드의 출력 결과를 예상하고 그 이유를 설명하라.

```
printf("%lf\n", (double)25/3);
```

10. 다음 코드의 출력 결과를 예상하고 그 이유를 설명하라.

```
printf("%lf\n", (double)(15/2));
```

11. 다음 코드의 출력 결과를 예상하고 그 이유를 설명하라.

```
int x;
int y = x;

x = 10;
printf("%d, %d\n", x, y);
```

12. 다음 코드의 출력 결과를 예상하고 그 이유를 설명하라.

```
int x = 10, y = 20;
double z1 = (x/3 + 2.5)/y;
int z2 = (x/2 + 2.5)/y;

printf("%lf, %d\n", z1, z2);
```

13. 다음 코드의 출력 결과를 예상하고 그 이유를 설명하라.

```
int x = 10, y;

y = x++ + 20;
printf("%d, %d\n", x, y);
```

14. 다음 코드의 출력 결과를 예상하고 그 이유를 설명하라.

```
int x = 10, y = 20, z;
```

```
z = ++x + --y;
printf("%d", %d, %d\n", x, y, z);
```

15. 다음 코드의 출력 결과를 예상하고 그 이유를 설명하라.

```
int x = 10, y;

y = (-(-x));
printf("%d, %d\n", x, y);
```

16. 반지름이 10인 원의 넓이(실수)를 계산해서 출력하는 프로그램을 작성하라.

17. 직사각형의 두 변의 길이가 각각 3과 7일 때, 그 직사각형의 넓이와 둘레를 계산해 출력하는 프로그램을 작성하라.

18. 삼각형의 밑변과 높이가 각각 5와 9일 때, 이 삼각형의 넓이(실수)를 계산해서 출력하는 프로그램을 작성하라.

19. 30도와 60도를 라이안(radian)으로 계산해서 출력하는 프로그램을 작성하라.

20. 20도와 60도의 섭씨온도를 화씨로 계산해서 출력하는 프로그램을 작성하라. 아래의 수식에 의해 섭씨(c)로 화씨(f)를 계산할 수 있다.

$$f = \frac{9}{5}c + 32$$

# Chapter 5 키보드 자료 입력

Chapter 05

# 키보드 자료 입력

## 5.1 자료 입력 프로그램(scanf 함수)

표준 입력 장치(키보드)로부터 자료를 입력 받는 것은 아래와 같이 scanf 함수를 이용한다.

```
scanf("specification1 specification2 ...", &variable1,
  &variable2, ...);
```

위의 형식에서 specification은 printf 함수에서 사용한 형식 명세와 동일하고, variable1, variable2는 입력받은 자료를 저장할 변수이다. 이때, 변수 앞에는 &(주소 연산자, address operator)를 붙여야 한다. 주소 연산자를 사용하는 이유는 함수와 포인터를 다루는 부분에서 설명된다.

**scanf로 자료를 입력 받을 때, 변수 앞에 &를 붙인다.**

프로그램 5-1은 scanf 함수를 사용하여 키보드로부터 자료를 입력받는 예이다. 7행과 9행에서 x, y, z의 자료를 입력받으며, 입력받은 자료를 8, 10, 11행에서 출력한다. 이 프로그램을 실행하면, 프로그램은 자료를 입력을 위하여 대기하고 있다. 이때 자료는 공백(space), 탭(tab) 등으로 구분하고 엔터(enter)를 입력하면 자료는 scanf 함수에 지정된 변수에 저장된다. 즉, 프로그램 5-1의 실행 결과의 첫 번째, 세 번째와 네 번째 줄은 사용자가 자료를 입력한 것이다. 이때, 세 번째 줄에서 2 3(2 space 3)을 차례로 입력하고 엔터를 입력하여도 y, z에 각각 2와 3이 저장된다.

**프로그램 5-1** scanf 함수의 사용 (05_01.c)

```
1   #include <stdio.h>
2
3   int main()
4   {
5     int x, y, z;
6
7     scanf("%d", &x);
8     printf("%d\n", x);
9     scanf("%d %d", &y, &z);
10    printf("%d\n", y);
11    printf("%d\n", z);
12
13    return 0;
14  }
```

**실행 결과**

```
1
1
2
3
2
3
```

## 5.2 사칙 연산 프로그램

두 개의 정수를 입력받아서 사칙 연산을 수행하는 프로그램을 작성하자. 먼저 두 개의 정수를 입력받기 위해서는 아래와 같이 두 개의 정수형 변수가 선언되어야 한다.

```
int x, y;
```

두 정수를 순서대로 입력받아서 x와 y에 대입하기 위해서는 아래와 같이 scanf 함수를 작성해야 한다.

```
scanf("%d %d", &x, &y);
```

입력된 x, y의 두 정수의 사칙 연산은 산술 연산자를 이용하여 계산하고 printf 함수로 출력할 수 있다. 이와 같은 방법은 완성된 코드는 프로그램 5-2와 같다. 실행 결과에서 첫 번째 줄은 사용자가 x와 y의 값을 입력한 것이고, 다음의 네 줄의 출력은 사칙 연산의 결과이다. 마지막의 나눗셈은 정수의 나눗셈이므로 소수점이하는 계산되지 않는다.

**프로그램 5-2** 사칙 연산 프로그램 (05_02.c)

```
#include <stdio.h>

int main()
{
  int x, y;

  scanf("%d%d", &x, &y);

  printf("%d\n", x+y);
```

```
    printf("%d\n", x-y);
    printf("%d\n", x*y);
    printf("%d\n", x/y);

    return 0;
}
```

**실행 결과**

```
5 2
7
3
10
2
```

## 5.3 합과 평균 계산 프로그램

세 개의 정수를 입력받아서 그 정수들의 합과 평균을 계산해서 출력하는 프로그램을 작성하자. 먼저 세 개의 정수를 입력받기 위해서는 아래와 같이 세 개의 정수형 변수가 선언되어야 한다.

```
int x1, x2, x3;
```

프로그램 5-2에서는 사칙 연산의 결과를 다른 변수에 저장하지 않고, printf 함수 내에서 계산해서 출력했다. 하지만, 여기서는 합과 평균을 저장하는 변수를 사용하고 평균은 실수로 계산하여 저장되도록 하자. 따라서 합을 저장할 정수형 변수와 평균을 저장할 실수형 변수가 아래와 같이 선언되어야 한다.

```
int sum;            // 합을 저장할 변수
```

```
double average;    // 평균을 저장할 변수
```

세 정수를 순서대로 입력받아서 x1, x2와 x3에 대입하기 위해서는 아래와 같이 scanf 함수를 작성해야 한다.

```
scanf("%d %d %d", &x1, &x2, &x3);
```

합은 아래와 같이 세 정수를 더하고, 평균은 합을 3을 나누는 수식을 작성한다. 하지만 평균은 sum/3으로만 작성하면 정수 연산으로 정수의 결과이다. 따라서 실수 연산을 위해서는 아래와 같이 적어도 한 개는 실수로 표현되어야 한다.

```
sum = x1 + x2 + x3;
average = (double)sum/3.0; // sum/3.0 또는 (double)sum/3
```

이와 같은 방법은 완성된 코드는 프로그램 5-3과 같다. 실행 결과에서 첫 번째 줄은 사용자가 x1, x2와 x3의 값을 입력한 것이고, 다음 줄부터는 결과를 출력한 것이다.

**프로그램 5-3** 합과 평균 계산 프로그램 (05_03.c)

```
#include <stdio.h>

int main()
{
  int x1, x2, x3;
  int sum;
  double average;

  scanf("%d %d %d", &x1, &x2, &x3);
  sum = x1 + x2 + x3;
  average = (double)sum/3.0;
```

```

    printf("Sum: %d\n", sum);
    printf("Average: %lf\n", average);

    return 0;
}
```

**실행 결과**

```
10 12 15
Sum: 37
Average: 12.333333
```

## 5.4 실수의 소수점아래 첫 번째 값을 추출하는 프로그램

실수를 입력받아서 그 수의 소수점아래 첫 번째 값을 추출하여 출력하는 프로그램을 작성하자. 먼저 한 개의 실수를 입력받기 위해서는 아래와 같이 한 개의 실수형 변수가 선언되고, scanf로 자료를 입력받아야 한다.

```
double x;
scanf("%lf", &x);
```

정수(varInt)의 일의 자리는 10으로 나눈 나머지로 아래와 같이 추출할 수 있다.

```
varInt%10
```

일의 자리의 추출을 응용하여, 십의 자리 백의 자리는 아래와 같이 추출할 수 있다.

```
varInt/10%10        // 십의 자리
varInt/100%10       // 백의 자리
```

소수점이하 첫 번째 자리는 위의 방법을 이용하면 10으로 곱하고 10으로 나눈 나머지로 추출할 수 있다. 하지만 소수점이하를 가지는 수는 실수이고 실수는 %연산자의 피연산자가 될 수 없다. 따라서 10곱한 값을 아래와 같이 정수형으로 변환하여 %연산을 수행해야 한다.

```
(int)(x*10)%10
```

이와 같은 방법은 완성된 코드는 프로그램 5-4와 같다. 실행 결과에서 첫 번째 줄은 사용자가 x의 값을 입력한 것이고, 두 번째 줄은 추출한 값을 출력한 것이다.

**프로그램 5-4** 실수의 소수점아래 첫 번째 값을 추출하는 프로그램 (05_04.c)

```
#include <stdio.h>

int main()
{
  double x;
  scanf("%lf", &x);

  printf("%d\n", (int)(x*10)%10);

  return 0;
}
```

**실행 결과**

```
123.456
4
```

## 5.5 수식의 처리 과정

x의 값을 입력받아서 y에 x+3을 저장하여 출력하는 프로그램을 작성할 때, 처음으로 C 언어를 배우는 경우에 프로그램 5-5와 같은 실수를 많이 경험한다. 6행에서 x+3을 y에 저장하는 것은 x를 입력받기(8행)전의 동작이다. 따라서 6행에서 쓰레기값 x와 3을 더한 결과가 y에 저장되고 이후에 y는 수정되지 않는다. 따라서 실행 결과와 같이 y는 원하는 결과가 나오지 않는다.

프로그램 5-5의 오류를 수정하는 것은 아래와 같이 y의 계산이 x의 입력이후에 처리되어야 한다.

**=는 대입 연산자이며, 좌우가 같다는 의미가 아니다.**

```
scanf("%d", &x);
y = x+3;
```

**프로그램 5-5** 수식 처리의 오류 (05_05.c)

```
1   #include <stdio.h>
2
3   int main()
4   {
5     int x;
6     int y=x+3;
7
8     scanf("%d", &x);
9     printf("%d\n", y);
10
11    return 0;
12  }
```

**실행 결과**

```
10
4227259
```

C Programming C 프로그래밍 입문과 활용

# 연습문제 05

키보드 자료 입력

1. 다음 코드의 문제점에 대해 설명하라.

```
int x;
scanf("%d", x);
```

2. 다음 코드의 문제점에 대해 설명하라.

```
double x;
scanf("%d", &x);
```

3. 다음 코드의 문제점에 대해 설명하라.

```
int x, y;
scanf("%d, %d, &x, &y");
```

4. 원의 넓이를 구하는 다음 프로그램의 문제점에 대해 설명하라.

```
#include <stdio.h>
#define PI 3.141592

int main() {
  int r;
  double area = r*r*PI;

  scanf("%d", &r);
```

```
    printf("%lf\n", area);

    return 0;
}
```

5. 다섯 개의 정수를 키보드로 입력받아서 그 합과 평균을 계산해서 출력하는 프로그램을 작성하라.

6. 정수를 입력받아서 일의 자리와 십의 자리를 출력하는 프로그램을 작성하라.

7. 문자를 입력받아서 그 문자의 ASCII 코드상의 앞뒤 문자들을 출력하는 프로그램을 작성하라.

8. 반지름을 입력받아서 그 반지름을 가지는 원의 넓이(실수)를 계산해서 출력하는 프로그램을 작성하라.

9. 삼각형의 밑변과 높이를 입력받아서 그 삼각형의 넓이(실수)를 계산해서 출력하는 프로그램을 작성하라.

10. 라이안(radian)을 입력받아서 그에 해당하는 각도를 계산해서 출력하는 프로그램을 작성하라.

11. 화씨온도를 입력받아서 섭씨를 계산해서 출력하는 프로그램을 작성하라. 아래의 수식에 의해 화씨(f)를 섭씨(c)로 계산할 수 있다.

$$c = (f - 32) \times \frac{5}{9}$$

12. 시분초를 입력받아서 그 값을 초로 변환하여 출력하는 프로그램을 작성하라.

13. 시간을 초로 입력받아서 시분초로 변환하는 프로그램을 작성하라.

Chapter 6

# 선택적 처리

Chapter 06

# 선택적 처리

## 6.1 if 문

프로그램에서 동작의 흐름을 수정하는 문장(statement)을 제어문(control statement)라고 하며, 선택적으로 처리를 구분하는 선택문(selection statement), 동작을 반복하는 반복문(repetition statement)과 흐름을 다른 위치로 바꾸는 분기문(branch statement)이 있다. 여기서는 선택적 처리를 위한 선택문을 다룬다.

C에서 가장 간단한 형태의 선택문은 if 문이다. if 문의 구조는 아래와 같다.

```
if(expression)
  statement;
nextStatement;
```

위의 형식에서 if의 괄호 안에 있는 수식(expression)이 참(true)이면 statement를 수행하고, 거짓(false)이면 statement를 수행하지 않는다. 마지막의 nextStatement는 if 문과 관련이 없는 문장으로 if의 처리 다음 동작이다. 이와 같은 동작을 순서도(flow char)로 표시하면 그림 6-1과 같다.

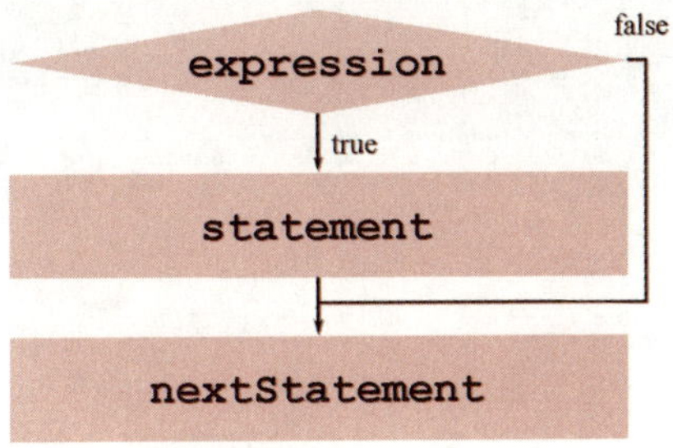


그림 6-1 if 문의 흐름

C 언어에서 거짓과 참의 논리의 판단은 0과 0아님으로 판단한다. 즉, 0이면 거짓(false)이고 0이 아니면 참(true)이다.

**0은 거짓이고, 0이 아니면 참이다.**

프로그램 6-1은 가장 간단한 if 문의 사용이다. 9행에서 x가 참이면 true를 출력한다. 따라서 두 개의 실행 결과와 같이 0이 아닌 값을 입력하면 참이 되어 true를 출력하고, 0을 입력하면 거짓이 되어 아무 출력도 없는 것을 볼 수 있다.

**프로그램 6-1** if 사용 예 (06_01.c)

```
1   #include <stdio.h>
2
3   int main()
4   {
5     int x;
6
7     scanf("%d", &x);
8
9     if(x)
10      printf("true\n");
11
```

```
    return 0;
}
```

**실행 결과 1**

```
1
true
```

**실행 결과 2**

```
0
```

if 문과 같은 제어문의 사용에서 기본적으로 제어의 동작은 한 개의 문장으로 한정된다. 하지만 많은 프로그램에서 제어의 동작이 한 개의 문장으로 해결되지 않는다. 따라서 제어의 동작을 여러 개의 문장으로 사용하는 경우가 많다. 이때, 여러 개의 문장을 한 개의 문장 형식으로 표현하는 복합 문장(compound statement, 블록, block)을 사용할 수 있다. 즉, {}로 표현되는 묶음은 한 개의 문장 형식으로 사용할 수 있다. 이때, {} 안에 포함되는 문장은 한 개 이상이거나 없어도 된다. 따라서 여러 if의 조건이 참일 때, 여러 문장을 처리하고 싶다면 아래와 같이 블록을 사용한다.

```
if(expression)
{
  statement1;
  ...
  statementn;
}
nextStatement;
```

**if 문의 조건이 참인 경우에 처리할 문장이 두 개 이상이면 블록으로 지정한다.**

## 6.2 관계 연산자(relational operator)

관계 연산자는 두 개의 피연산자들의 대소 및 등가를 판단하며, 표 6-1과 같은 연산자를 사용할 수 있다. 관계 연산자는 대소 및 등가의 맞고 틀림을 판단하므로, 결과는 참과 거짓의 논리값이다.

표 6-1 관계 연산자

| 연산자 | 이름(의미) |
|---|---|
| > | 왼쪽이 오른쪽보다 크면 참, 아니면 거짓 |
| >= | 왼쪽이 오른쪽보다 크거나 같으면 참, 아니면 기짓 |
| < | 왼쪽이 오른쪽보다 작으면 참, 아니면 거짓 |
| <= | 왼쪽이 오른쪽보다 작거나 같으면 참, 아니면 거짓 |
| == | 왼쪽과 오른쪽이 같으면 참, 아니면 거짓 |
| != | 왼쪽과 오른쪽이 다르면 참, 아니면 거짓 |

입력된 정수가 짝수인지 판별하여 출력하는 프로그램은 입력된 정수를 2로 나눈 정수 나머지가 0인지 아닌지로 판별할 수 있다. 따라서 아래의 결과가 참이라면 x는 짝수이다.

```
x%2 == 0
```

위의 식을 이용하여 짝수를 판별은 프로그램 6-2와 같이 작성할 수 있다. 7행에서 입력된 x가 9행의 if조건에 의해 짝수이면 10행의 even을 출력한다.

프로그램 6-2 짝수 판별 프로그램 (06_02.c)

```
1   #include <stdio.h>
```

```
int main()
{
  int x;

  scanf("%d", &x);

  if(x%2 == 0)
    printf("even\n");  // 짝수

  return 0;
}
```

**실행 결과 1**

```
10
even
```

**실행 결과 2**

```
5
```

## 6.3 논리 연산자(logical operator)

논리 연산자는 논리곱(logical AND), 논리합(logical OR), 부정(NOT)과 같은 논리 연산을 위한 것으로 표 6-2와 같은 연산자를 사용할 수 있다.

표 6-2 논리 연산자

| 연산자 | 이름(의미) |
|---|---|
| && | 논리곱(이항 연산자, 피연산자가 모두 참인 경우만 참) |
| \|\| | 논리합(이항 연산자, 피연산자 중에 한 개의 참만 있어도 참) |
| ! | 부정(단항 연산자, 참은 거짓으로 거짓은 참으로 변경) |

논리 연산자는 논리 연산을 위한 것이므로 피연산자도 논리(참과 거짓)로 평가 되고, 결과도 논리이다. 여기서 논리곱은 두 피연산자의 논리가 모두 참인경우에만 참이고, 논리합은 두 피연산자의 논리에 한 개라도 참이 있으며 결과가 참이 되는 연산이다. 부정은 단항 연산자로서 참이면 결과가 거짓이 되고, 거짓이면 참이 된다. 이와 같은 논리 연산자의 사용 예는 표 6-3과 같다.

표 6-3 논리 연산자의 사용

| 피연산자 | | 연산식 | | |
|---|---|---|---|---|
| x | y | x && y | x \|\| y | !x |
| 거짓 | 거짓 | 거짓 | 거짓 | 참 |
| 거짓 | 참 | 거짓 | 참 | 참 |
| 참 | 거짓 | 거짓 | 참 | 거짓 |
| 참 | 참 | 참 | 참 | 거짓 |

수학식에서 아래의 조건은 x가 2와 10사이의 수임을 표현한다.

```
2 < x < 10
```

하지만 C 프로그램에서 <와 같은 관계 연산자들은 이항 연산자이고 결합성이 왼쪽에서 오른쪽이므로 위 수식은 아래와 같이 평가된다. 즉, 먼저 2<x가 수행되고 결과는 참과 거짓이다. 거짓은 0이고, 참은 0이 아닌 값인데 대부분 1을 사용한다. 따라서 (2<x)는 0또는 1이 되고, 0또는 1과 10의 크기를 비교한다. 결과적으로 x가 어떤 값이든 간에 위의 수식은 항상 참이 된다.

```
2 < x < 10      // 2<x 가 먼저 수행 → 거짓(0)과 참(0 아님, 대부분은 1로 처리)
                // (0 또는 1) < 10 → 참
```

위의 수학식을 C에서 표현하는 것은 x가 2보다 크고(AND) x가 10보다 작은 경우이므로 논리 연산자를 사용하여 아래와 같이 사용해야 한다.

```
(2 < x) && (x < 10)
```

## 6.4 if else 문

if 문은 if의 조건이 참인 경우에만 선택적으로 처리한다. 하지만 C에서 if의 조건이 참이 경우와 거짓인 경우를 구분해서 처리할 수 있다. 이와 같은 처리는 if else 문을 사용하며 형식은 아래와 같다.

```
if(expression)
  statement1;
else
  statement2;
nextStatement;
```

위의 형식은 그림 6-2와 같이 if의 expression이 참이면 statement1을 처리하고, 거짓이

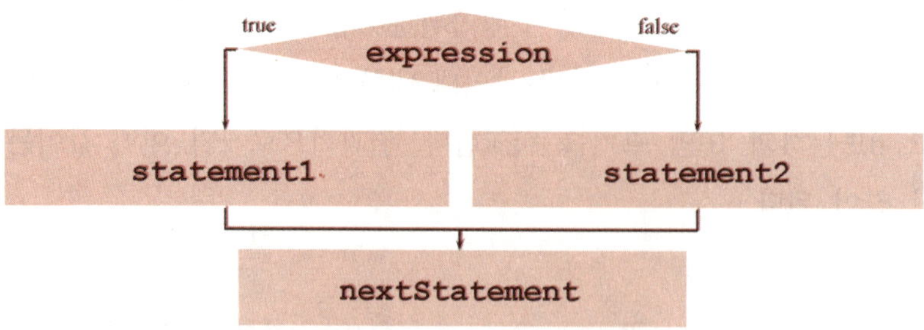


그림 6-2 if else 문의 흐름

면 statement2를 처리한다. if 문과 동일하게 statement1과 statement2의 위치에 여러 문장을 처리하고 싶다면 블록({})으로 문장을 묶는 것이 가능하다.

프로그램 6-3은 프로그램 6-1을 수정한 것으로 if의 조건이 거짓인 경우에는 false를 출력하는 동작을 추가한 것이다. 따라서 두 번째 실행 결과에서 0을 입력했기 때문에 false가 출력되었다.

**프로그램 6-3** if else 사용 예 (06_03.c)

```
#include <stdio.h>

int main()
{
  int x;

  scanf("%d", &x);

  if(x)
    printf("true\n");
  else
    printf("false\n");

  return 0;
}
```

**실행 결과 1**

```
1
true
```

**실행 결과 2**

```
0
false
```

## 6.5 if 사용의 오류

처음 if 문을 사용하는 경우에 여러 오류를 경험하게 된다. 여기서 많은 사용자들이 쉽게 경험하는 오류 몇 가지를 설명한다.

초보자들이 가장 많이 하는 실수는 아래와 같이 조건을 비교하는 구문을 대입문으로 작성하는 것이다. 이와 같이 처리하면 항상 x에 0이 대입이 되고, 0은 거짓이므로 if의 조건 처리가 이루어지지 않는다.

```
if(x = 0)
  printf("zero\n");
```

아래의 코드와 같이 if로 시작하는 행의 마지막에 ;을 넣으면 if 문은 첫 행에서 끝난다. 즉, 아래의 printf로 작성된 문장은 if와 관계없는 문장이다.

이와 같은 동작이 가능한 것은 ;도 하나의 문장이 될 수 있기 때문이다. 이렇게 ;로 된 빈 문장을 공문(empty statement)라고 한다.

```
if(x == 0);
  printf("zero\n");
```

아래의 코드는 x가 0이 아니면 "non zero"를 출력하기 위해서 작성된 코드로 보이지만, 부정 관계를 나타내는 연산자는 !=이므로, 잘못된 표현이다. 아래의 코드는 0에 !을 취하여 거짓(0)이 참이 되고, 그 결과를 x에 대입한 결과가 if의 조건이 된다.

```
if(x =! 0)
  printf("non zero\n");
```

## 6.6 조건 연산자(conditional operator)

조건 연산자는 피연산자가 세 개 필요한 삼항 연산자(ternary operator)로서 아래와 같이 사용한다.

```
expression1 ? expression2 : expression3
```

위의 형식에서 expression1이 참이면 결과는 expression2이고, 거짓이면 expression3가 된다. 이와 같은 조건 연산자는 아래와 같은 형식으로 많이 사용된다. max에는 x가 y보다 크면 x가 되고 그렇지 않으면 y가 된다. 같은 형식으로 min에는 작은 값이 대입된다.

```
int max = x>y ? x : y;
int min = x<y ? x : y;
```

위와 같이 조건 연산자는 if 문을 사용하지 않고 수식 안의 수식으로 간단히 사용할 수 있다.

C Programming C 프로그래밍 입문과 활용

# 연습 문제 06.

선택적 처리

1. 관계 연산자의 종류와 특징에 대해 설명하라.

2. 논리 연산자의 종류와 특징에 대해 설명하라.

3. 논리 연산자의 피연산자와 연산 결과의 자료형은 무엇인가(의미하는 자료형)?

4. 블록의 특징에 대해 설명하라.

5. x가 짝수이면 even number를 출력하는 다음 코드의 문제점에 대해 설명하라.

```
if(x%2 == 0);
  printf("even number\n");
```

6. x가 짝수이면 even number를 출력하는 다음 코드의 문제점에 대해 설명하라.

```
if(x%2 = 0)
  printf("even number\n");
```

7. x가 짝수이면 even number를 출력하는 다음 코드의 문제점에 대해 설명하라.

```
if(x%2 =! 1)
  printf("even number\n");
```

8. x가 홀수이면 x를 1 증가하고 출력하는 다음 코드이 문제점에 대해 설명하라.

```
if(x%2 == 1)
  x++;
  printf("%d", x);
```

9. 다음 코드의 문제점에 대해 설명하라.

```
if(x < 10)
  y = 10;
  z = 20;
else
  y = 20;
  z = 10;
```

10. x가 10과 20사이에 값이면 true를 출력하는 다음 코드의 문제점에 대해 설명하라.

```
if(10 < x < 20)
  printf("true\n");
```

11. x가 홀수이면서 10보다 작은 값이면 true를 출력하는 다음 코드의 문제점에 대해 설명하라.

```
if(x%2 == 0 || x < 10)
  printf("true\n");
```

12. 다음 코드의 출력 결과를 예상하고 그 이유를 설명하라.

```
int x;

scanf("%d", &x);
if(x%2)
  printf("odd number\n");
```

13. 다음 코드의 출력 결과를 예상하고 그 이유를 설명하라

```
int x, y, z;

scanf("%d %d", &x, &y);

if(x < 10 && y > 20)
  x++;
else
  y++;
```

14. 다음 코드의 출력 결과를 예상하고 그 이유를 설명하라.

```
int x, y, a1, a2;

scanf("%d %d", &x, &y);
a1 = x>y?x:y;
a2 = x%2?1:-1;

printf("%d %d", a1, a2);
```

15. 다음 코드의 출력 결과를 예상하고 그 이유를 설명하라.

```
char ch;

scanf("%c", &ch);
if('A' <= ch && ch <= 'Z')
  printf("%c", ch);
```

16. 입력받은 정수가 100보다 작은 양의 짝수인지를 판별하는 프로그램을 작성하라.

17. 입력받은 정수가 짝수이면 x에 1을 아니면 -1을 대입하는 프로그램을 조건 연산자를 이용하여 작성하라.

18. 입력받은 정수의 절대값을 계산해서 출력하는 프로그램을 작성하라.

Programming

# Chapter 7

# 함수의 사용 1

Chapter 07

# 함수의 사용 1

## 7.1 함수(function)

C 언어에서 함수는 다음과 같이 세 가지 종류로 구분할 수 있다.

- main 함수
- 표준 라이브러리 함수(standard library function)
- 사용자 정의 함수(user-defined function)

main 함수는 프로그램의 시작과 관계된 함수이며, 표준 라이브러리 함수나 사용자 정의 함수는 main 함수에서 직/간접적으로 호출(call, 불러서 실행함)되어야 동작한다. 또한 main 함수가 종료되면 프로그램이 종료되는 반면, 다른 함수들은 종료되면 대부분 호출된 위치로 복귀(return, 복귀)한다(프로그램을 종료하는 함수는 제외). 표준 라이브러리 함수는 C에서 미리 정의되어 사용만하는 함수이고, 사용자 정의 함수는 그 동작을 사용자가 정의하여 사용하는 함수이다. 이 장에서는 몇 가지 표준 라이브러리 함수만 다루고, 사용자 정의 함수는 12장에서 다룬다.

앞에서 사용해왔던 printf와 scanf 함수도 표준 라이브러리 함수들이다. 이 함수들의 정의는 라이브러리에 생성되어 있고, 링킹 과정에서 프로그램에 포함된다. printf/scanf 함수를 사용하지 전에 <stdio.h>를 포함했는데, 이것은 이 헤더 파일에 함수들이 선언되어 있기 때문이다. 따라서 다른 표준 라이브러리 함수들을 사용하기 위해서는 그 함수가 선언된 헤더 파일을 먼저 포함해야 한다.

사용자가 main 함수를 정의할 때, 아래와 같이 작성한다. 여기서 int main( )을 함수의 원형(prototype)이라고 한다. 이 원형을 통해서 함수의 특징을 알 수 있다. main 함수의 ( )에 아무것도 없다는 것은 매개변수(parameter)가 없다는 것을 의미한다. 또한 앞의 int는 함수의 결과(종료시 반환하는 값, 반환값, return value)가 정수형이라는 것을 알려준다.

```
int main() {
  ...
  return 0;
}
```

따라서 만일 함수가 아래와 같이 선언되어 있다면(원형의 선언은 ( )뒤에 ;을 붙인다), 함수의 이름은 Ex이고, 정수형 매개변수 x가 있으며, 반환값이 정수형(int)이라는 것을 알 수 있다.

```
int Ex(int x);
```

위와 같은 원형의 함수를 사용하기 위해서는 함수를 호출(call)해야 하며, 위의 함수의 호출 방법은 아래와 같다. 즉, 함수의 이름과 ( )를 사용하여 함수를 호출하고, 매개변수의 개수만큼 인수(argument)를 전달한다. 아래의 호출을 사용하면, expression1이 원형의 x에 대입되어 Ex가 수행된다. 만일 매개변수가 여러개라면, 각 매개변수에 대응되는 인수를 순서대로 ( )에 포함해야 한다.

```
Ex(expression1)
```

위의 Ex 함수는 반환값을 가지고 있다. 이 반환값은 함수가 종료될 때 반환하는 것이므로 아래와 같이 사용하면, Ex(expression1)은 Ex함수의 반환된 값이 되어 다음 수식들이 처리된다.

```
x = Ex(expression1) + expressoin2;
```

void란 빈형으로 자료가 없는 것을 알려주므로, 아래와 같이 선언된 함수는 매개변수도 반환값도 없다.

```
void Ex2();          // 또는 void Ex2(void)
```

매개변수가 없으므로 인수 없이 함수를 호출해야하고, 반환값이 없으므로 다른 수식의 피연산자가 될 수 없다. 따라서 위의 Ex2 함수는 아래와 같이 독립적인 수식으로 호출되어야 한다.

```
Ex2();
```

**반환값이 있는 함수는 수식에서 호출할 수 있지만,**
**반환값이 없는 함수는 독립적으로 호출해야 한다.**

## 7.2 수학 관련 함수

C 언어의 함수는 수학의 함수와 비슷한 특징을 가진다. 하지만, 수학의 함수는 결과만

가지는 반면, C 언어의 함수는 결과(반환값)를 가지는 경우와 가지지 않는 경우가 있다(반환값이 void). 또한 수학의 함수는 인수를 가져야하는 반면, C 언어의 함수는 인수를 가지지 않을 수 있다. 또한 수학의 함수는 결과만 가지는 반면, C 언어의 함수는 결과뿐만 아니라 여러 가지 동작을 수행할 수 있다.

여기서 다루는 수학 관련 함수는 수학의 함수를 C 함수로 작성한 것이므로, 대부분 동작보다는 결과가 중요하다. 이들 함수는 <math.h>에 선언되어 있으므로 사용하기 위해서는 이 헤더 파일을 포함해야 한다. 앞에서 언급한 것과 같이 함수의 원형, 인수, 반환값과 동작 특성을 안다면 그 함수는 쉽게 사용할 수 있다. 먼저 가장 간단한 수학 관련 함수는 아래의 원형을 가지는 abs 함수이다.

```
int abs(int x);
```

abs 함수는 정수형 매개변수를 받아서 그 매개변수의 절대값을 정수형으로 반환하는 함수이다. 따라서 위의 함수는 아래와 같이 수식에서 사용할 수 있다. 함수 호출은 연산식의 최상위 우선순위(precedence)를 가지므로, 먼저 함수가 호출되고 그 반환값으로 나머지 수식(*와 -)이 계산된다. 즉, 아래의 수식에서 abs(-7)이 먼저 수행되어 7의 반환값으로 나머지 수식이 계산된다.

```
int x = 5*abs(-7)-100;
```

아래의 수식은 매개변수에 인수를 전달하기 위해서 먼저 x*2+3이 연산되고 그 결과가 함수의 인수로 전달된다.

```
int y = 3*abs(x*2+3);
```

abs 함수외의 다른 수학 관련 함수는 표 7-1과 같다.

**표 7-1** 수학 관련 표준 라이브러리 함수

| 함수의 원형 | 설명 |
|---|---|
| `int abs(int x);` | $x$의 절대값 반환(정수) |
| `double fabs(double x);` | $x$의 절대값 반환(실수) |
| `double sqrt(double x);` | $\sqrt{x}$ 반환 |
| `double pow(double x, double y);` | $x^y$ 반환 |
| `double exp(double x);` | $e^x$ 반환 |
| `double log(double x);` | $\ln x$ 반환 |
| `double log10(double x);` | $\log x$ 반환 |
| `double sin(double x);` | $\sin x$ 반환($x$는 radian) |
| `double cos(double x);` | $\cos x$ 반환($x$는 radian) |
| `double tan(double x);` | $\tan x$ 반환($x$는 radian) |
| `double asin(double x);` | $\sin^{-1} x$ 반환($[-\pi/2, +\pi/2]$ radian) |
| `double acos(double x);` | $\cos^{-1} x$ 반환($[0, \pi]$ radian) |
| `double atan(double x);` | $\tan^{-1} x$ 반환($[-\pi/2, +\pi/2]$ radian) |
| `double atan2(double y, double x);` | $\tan^{-1} y/x$ 반환($[-\pi, +\pi]$ radian) |
| `double ceil(double x);` | $x$보다 큰 최소 정수(double형) 반환 |
| `double floor(double x);` | $x$보다 작은 최대 정수(double형) 반환 |
| `double round(double x);` | $x$의 반올림 정수(double형) 반환 |

**삼각 함수에 관련된 함수에서 각도는 라디안(radian)이다.**

## 7.3 이차방정식의 실근을 구하는 프로그램 1

$ax^2+bx+c=0$의 이차방정식의 계수($a$, $b$, $c$)를 입력받아서 두 실근을 출력하는 프로그램을 작성하자. 먼저 이차방정식의 계수를 입력받기 위해서는 아래와 같이 세 개의 실수형 변수를 선언하고 scanf로 자료를 입력받아야 한다.

```
double a, b, c;
scanf("%lf %lf %lf", &a, &b, &c);
```

이차방정식의 근은 아래와 같은 조건을 만족해야만 실근을 가지며, 나머지는 경우에는 허근을 가지므로 현재 우리가 사용하는 자료형으로는 처리할 수 없다.

$$b^2-4ac \geqq 0$$

위 수식의 좌변은 이차방정식의 근을 구하는 아래의 근의 공식에서도 사용된다.

$$\frac{-b \pm \sqrt{b^2-4ac}}{2a}$$

따라서 아래와 같이 판별식($b^2-4ac$)을 저장할 변수를 미리 생성하고, 판별식을 저장한다.

```
double D;
D = b*b - 4*a*c;
```

판별식이 0보다 크거나 같지 않다면 실근을 가지지 않으므로 아래와 같이 if 문을 이용하여 실근의 조건을 만족하는 경우에 두 실근을 계산하여 출력한다.

```
if(D >= 0) {
        // 실근을 계산하여 출력
}
```

두 실근은 위의 근의 공식으로 계산할 수 있으며, 분모와 분자가 구분되는 것과 제곱근을 sqrt 함수를 이용하는 것을 고려하면 아래와 같이 계산할 수 있다.

```
double x1, x2;
x1 = (-b+sqrt(D))/(2*a);
x2 = (-b-sqrt(D))/(2*a);
```

이와 같은 방법은 완성된 코드는 프로그램 7-1과 같다. 첫 번째 실행 결과에서는 입력된 계수가 실근을 가지는 조건이므로 실근을 계산하여 출력하고, 두 번째 결과에서는 실근을 가지지 않으므로 다른 동작 없이 종료하는 것을 볼 수 있다.

**프로그램 7-1** 이차방정식의 실근을 구하는 프로그램 (07_01.c)

```
#include <stdio.h>
#include <math.h>
int main()
{
  double a, b, c, D;
  double x1, x2;

  scanf("%lf %lf %lf", &a, &b, &c);

  D = b*b - 4*a*c;

  if(D >= 0) {
    x1 = (-b+sqrt(D))/(2*a);
    x2 = (-b-sqrt(D))/(2*a);

```

```
        printf("%lf\n", x1);
        printf("%lf\n", x2);
    }

    return 0;
}
```

**실행 결과 1**

```
1 3 2
-1.000000
-2.000000
```

**실행 결과 2**

```
1 1 1
```

## 7.4 삼각형의 면적을 구하는 프로그램 1

삼사형의 세 변의 길이를 입력받아서, 그 삼각형의 면적을 계산하여 출력하는 프로그램을 작성하자. 먼저 삼각형의 세 변을 입력받기 위해서는 아래와 같이 세 개의 실수형 변수를 선언하고 scanf로 자료를 입력받아야 한다.

```
double a, b, c;
scanf("%lf %lf %lf", &a, &b, &c);
```

삼각형의 변은 항상 양수이어야 하며 한 변의 길이가 다른 두 변의 길이의 합보다 클 수 없다. 따라서 a > 0 이고 b > 0 이고 c > 0이면서 a < b+c이고 b < a+c 이고 c < a+b이어야 하므로, 아래와 같이 조건을 만족하는 경우에만 삼각형의 면적을 계산하고 출력한다.

```
if(a > 0 && b > 0 && c > 0 &&
  a < b+c && b < a+c && c < a+b) {
    // 삼각형의 면적을 계산하여 출력
}
else
  printf("Invalid triangle\n");
```

삼각형의 면적은 아래와 같은 공식을 이용할 수 있다.

$$A = \sqrt{s(s-a)(s-b)(s-c)}\,,\quad s = \frac{a+b+c}{2}$$

따라서 면적(A)의 계산은 위의 공식을 이용하여 아래와 같이 작성할 수 있다.

```
double A, s;
s = (a+b+c)/2.0;
A = sqrt(s*(s-a)*(s-b)*(s-c));
```

이와 같은 방법으로 완성된 코드는 프로그램 7-2와 같다. 첫 번째와 두 번째 실행 결과에서는 입력된 세 변의 길이가 삼각형을 만들 수 있으므로 면적을 계산하여 출력하고, 마지막 결과에서는 삼각형을 만들 수 없으므로 Invalid triangle를 출력하는 것을 볼 수 있다.

**프로그램 7-2** 삼각형의 면적을 구하는 프로그램 (07_02.c)

```
#include <stdio.h>
#include <math.h>
int main()
{
  double a, b, c;
  double A, s;

```

```
    scanf("%lf %lf %lf", &a, &b, &c);

    if(a > 0 && b > 0 && c > 0 &&
      a < b+c && b < a+c && c < a+b) {
      s = (a+b+c)/2.0;
      A = sqrt(s*(s-a)*(s-b)*(s-c));
      printf("Area: %lf\n", A);

    }
    else
      printf("Invalid triangle\n");

    return 0;
}
```

**실행 결과 1**

```
3 4 5
Area: 6.000000
```

**실행 결과 2**

```
4 7 9
Area: 13.416408
```

**실행 결과 3**

```
1 2 10
Invalid triangle
```

C Programming C 프로그래밍 입문과 활용

# 연습문제 07

함수의 사용 1

1. 함수의 매개변수에 대해 설명하라.

2. 함수의 반환값에 대해 설명하라.

3. 함수의 인수에 대해 설명하라.

4. 사용자 정의 함수에 대해 설명하라.

5. sin30° 를 계산하는 다음 코드의 문제점에 대해 설명하라.

```
double x = sin(30);
```

6. 27의 세제곱근을 구하는 다음 코드의 문제점에 대해 설명하라.

```
double x = pow(27, 1/3);
```

7. 다음 프로그램의 문제점에 대해 설명하라.

```
#include <stdio.h>

int main() {
  printf("%lf\n", acos(-1));

  return 0;
```

```
}
```

8. 다음 코드의 출력 결과를 예상하고 그 이유를 설명하라.

```
printf("%lf\n", abs(6.5));
printf("%lf\n", fabs(-6.5));
printf("%lf\n", fabs(24.2));
printf("%lf\n", floor(10.2));
printf("%lf\n", floor(-9.5));
printf("%lf\n", ceil(2.5));
printf("%lf\n", ceil(-7.5));
```

9. 다음 코드의 출력 결과를 예상하고 그 이유를 설명하라.

```
printf("%lf\n", pow(2, 10));
printf("%lf\n", sqrt(16.0));
printf("%lf\n", sin(acos(-1.0)*60/180));
printf("%lf\n", exp(1));
printf("%lf\n", log(100));
```

10. 삼각형의 두 변과 그 끼인각(라이안, radian)을 입력받아서 삼각형의 면적을 계산해서 출력하는 프로그램을 작성하라. 두 변(a, b)과 그 끼인각(C)으로 삼삭형의 면적을 계산하는 것은 아래의 수식을 이용할 수 있다.

$$\frac{1}{2}ab\sin C$$

11. 한 점과 직선과의 최단 거리를 계산하여 출력하는 프로그램을 작성하라. 한 점은 $(x_0, y_0)$로 표현되고 직선은 $ax+by+c=0$로 표현되며, 최단 거리는 다음의 수식으로 계산할 수 있다.

$$\frac{|ax_0+by_0+c|}{\sqrt{a^2+b^2}}$$

Chapter 8

# 복잡한 선택적 처리

Chapter 08

# 복잡한 선택적 처리

## 8.1 중첩 if 문

if 문안에 다른 if 문을 추가할 수 있는데 이것을 중첩 if 문이라고 하며, 그 구조는 아래와 같다. 즉, 바깥의 if 문에서 expression1이 참과 거짓인 경우로 구분되며, 그 안에서 다시 expression2와 expression3에 의해 처리를 구분할 수 있다. 따라서 그 동작의 흐름은 그림 8-1과 같다.

```
if(expression1) {
  if(expression2)
    statement21;  // expression1이 참이고 expression2가 참인 경우
  else
    statement22;  // expression1이 참이고 expression2가 거짓인 경우
}
else {
  if(expression3)
    statement31;  // expression1이 거짓이고 expression3이 참인 경우
  else
    statement32;  // expression1이 거짓이고 expression3이 거짓인 경우
}
```

```
nextStatement;
```

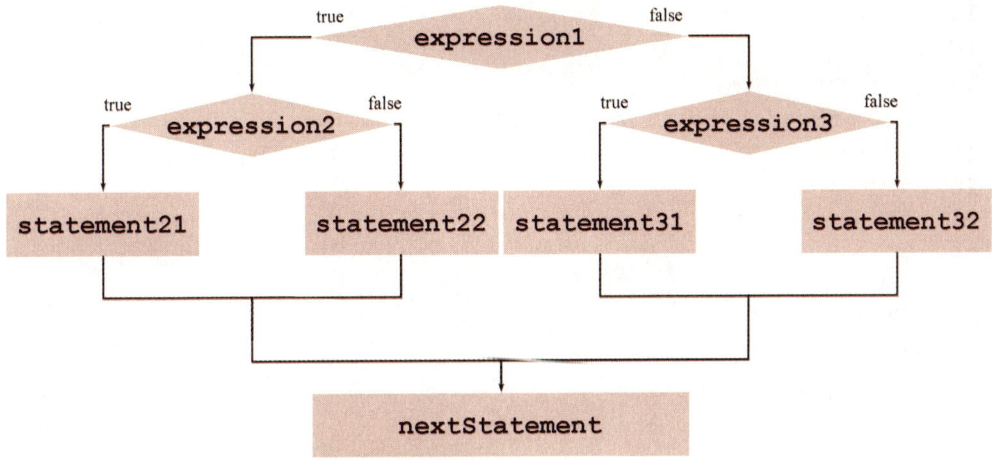


그림 8-1 중첩 if 문의 흐름

프로그램 8-1은 한 개의 정수를 입력받아서 그 정수가 양수, 0 또는 음수인지를 판별하는 프로그램이다. 11～14행의 if 문은 x가 0보다 크거나 같은 조건을 만족하는 경우에 처리되는 if 문으로, 13행의 else는 0보다 크지 않을 경우에 처리되므로 0이다.

**프로그램 8-1** 양수, 0과 음수 판별 프로그램 (08_01.c)

```
1  #include <stdio.h>
2
3  int main()
4  {
5    int x;
6
7    scanf("%d", &x);
8
9    if(x >= 0)
10   {
```

```
    if(x > 0)
      printf("positive number\n");
    else
      printf("zero\n");
  }
  else
  {
    printf("negative number\n");
  }

  return 0;
}
```

**실행 결과 1**

```
10
positive number
```

**실행 결과 2**

```
0
zero
```

**실행 결과 3**

```
-25
negative number
```

중첩 if 문의 구조에서 모든 if는 else 없는 형태로 사용될 수 있으므로, 명확하게 else와 짝지어지는 if를 표시하지 않으면 사용자가 의도하지 않은 방향으로 처리될 수 있다. 이것을 매달린 else(dangling else) 문제라고 한다. 아래의 코드에서 얼핏 보면 else는 위의 if(x >= 0)과 짝이 되는 else로 볼 수 있지만 C에서는 아래의 else는 바로 위에 있는 if(x < 0)가 짝이 된다.

```
if(x >= 0)
  if(x < 0)
      printf("positive number\n");
```

```
else
    printf("negative number\n");
```

위의 코드에서 else가 앞의 if와 짝이 되기 위해서는 아래와 같이 명확히 블록을 표시해야 한다.

```
if(x >= 0)
{
  if(x < 0)
      printf("positive number\n");
}
else
    printf("negative number\n");
```

**중첩된 if 문을 사용할 때는 블록({})으로 범위를 지정하는 것이 좋다.**

## 8.2 else if 문

else if 문은 else 다음에 if의 조건을 추가하는 것으로 else if의 조건은 앞의 모든 if의 조건이 거짓인 경우에 판단된다. 이와 같은 else if의 사용 방법은 아래와 같으며, 그 처리되는 흐름은 그림 8-2이다.

```
if(expression1)
  statement1;               // expression1이 참인 경우
else if(expression2)
  statement2;               // expression1이 거짓이고
                            // expression2가 참인 경우
```

```
else if(expression3)
  statement3;                // expression1이 거짓이고
                             // expression2가 거짓이고
                             // expression3이 참인 경우
...
[else
  statementn;]               // 모든 if 조건이 거짓인 경우
nextStatement;
```

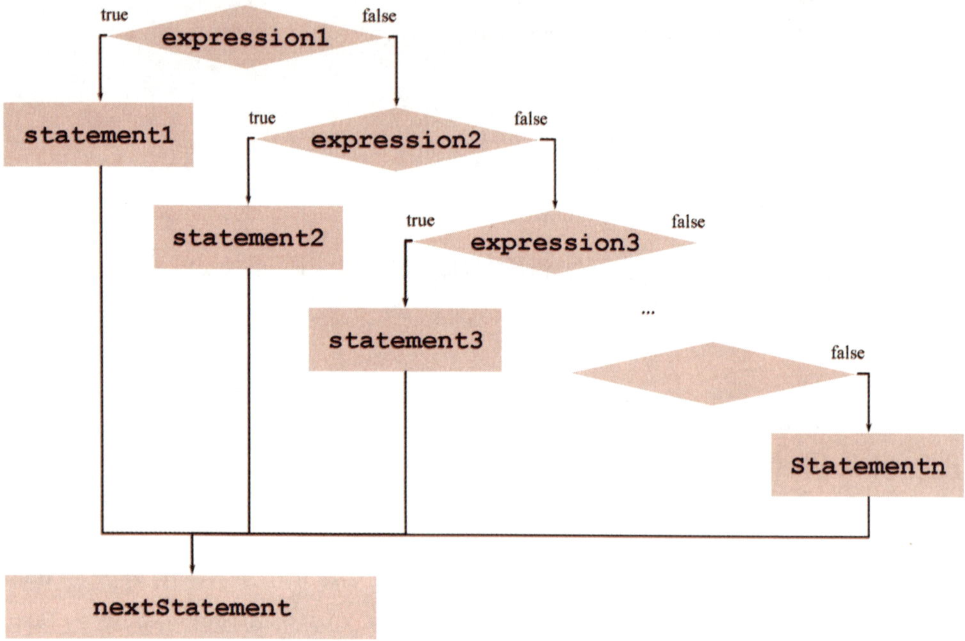


그림 8-2 else if 문의 흐름

프로그램 8-2는 세 개의 정수를 입력받아서 가장 큰 수를 출력하는 프로그램이다. 9행의 조건에서 a가 b와 c보다 크면 a가 가장 큰 수이고, 11행의 조건에서 b가 a와 c보다 크면 b가 가장 큰 수이다. 마지막에 else에서 a와 b가 가장 큰 수가 아니면 c가 가장 큰 수가 된다.

**프로그램 8-2** 세 정수 중에서 가장 큰 수를 출력하는 프로그램 (08_02.c)

```
#include <stdio.h>

int main()
{
  int a,b,c;

  scanf("%d %d %d", &a, &b, &c);

  if(a>b && a>b)
    printf("The most number: %d\n", a);
  else if(b>a && b>c)
    printf("The most number: %d\n", b);
  else
    printf("The most number: %d\n", c);

  return 0;
}
```

**실행 결과 1**

```
1 2 3
The most number: 3
```

**실행 결과 2**

```
1 3 2
The most number: 3
```

**실행 결과 3**

```
3 2 1
The most number: 3
```

## 8.3 switch 문

if의 조건식은 참과 거짓으로만 판단한다. 이와 달리 정수식을 조건으로 지정하여 그 정수식의 값에 따라서 다르게 처리할 수 있는 선택문이 switch 문이다.

switch 문의 기본 형식은 아래와 같다. switch의 조건식(expression)은 정수형 수식이고, constant1은 정수형 상수식이다. 이때, expression이 constant1과 같다면 statement11과 statement12가 연속적으로 처리된다.

**switch의 조건은 정수식이다.**

```
switch(expression) {
  case constant1:
    statement11;
    statement12;
}
nextStatement;
```

**switch 문에서 case의 상수 뒤에는 콜론(:)을 붙인다.**

여러 가지 정수값으로 확장하면 switch 문의 형식을 아래와 같이 표현할 수 있다. 즉, expression이 constant2와 같다면 statement21과 statement22가 연속적으로 처리된다. 여기서 중요한 것은 expression이 constant1과 같다면 statement11과 statement12를 처리하고 switch 문을 벗어나지 않고 아래의 statement21과 statement22도 연속적으로 처리한다. 따라서 흐름은 그림 8-3과 같다.

```
switch(expression) {
  case constant1:
    statement11;
    statement12;
  case constant2:
    statement21;
    statement22;
}
nextStatement;
```

**switch 문에서 case에 해당하는 부분만 처리되는 것이 아니라,**
**해당 case부터 switch 문의 마지막까지 처리된다.**

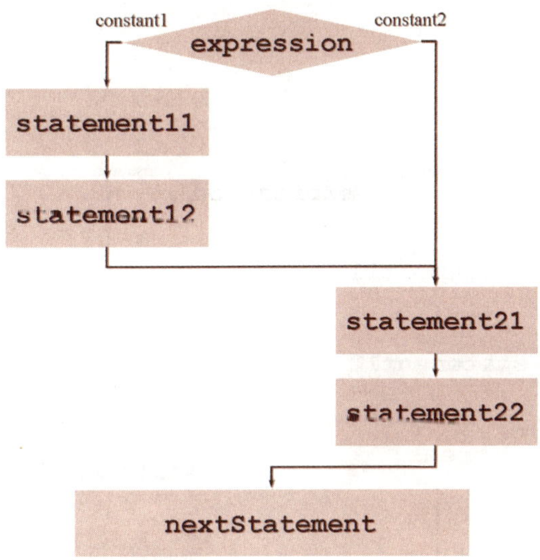


그림 8-3 switch 문의 흐름

switch 문의 기본적인 흐름은 그림 8-3과 같이 case의 상수값과 같은 위치로 흐름이 이동되고 switch 문을 벗어나지 않는다. 하지만 많은 조건에서는 한 개의 상수값에서 독립적인 처리를 수행하는 경우가 대부분이다. 이와 같은 처리는 switch 문에서 break를 사용하여 switch를 벗어나게 할 수 있다. 즉, 아래와 같이 case constant1의 마지막 처리에 break;를 넣으면, 아래의 case constant2의 처리를 수행하지 않고 switch 문을 벗어난다(그림 8-4).

```
switch(expression) {
  case constant1:
    statement11;
    statement12;
    break;        // switch 문을 벗어남
  case constant2:
    statement21;
    statement22;
}
nextStatement;
```

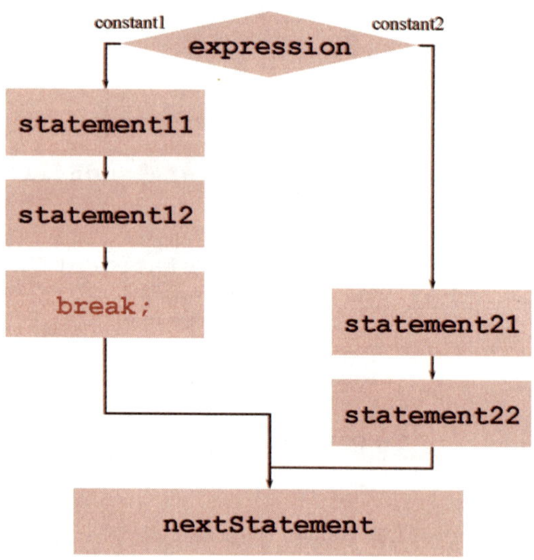


그림 8-4 switch 문의 흐름(break 사용)

**switch 문에서 break를 이용하면, case에 해당하는 부분만 처리할 수 있다.**

break 문을 사용하지 않으면 여러 case 상수값들이 동일한 처리를 수행하게 할 수 있다. 아래의 코드에서 constant1의 case에서 break가 없기 때문에 expression이 constant1과 constant2인 경우에 동일하게 statement1을 수행하고 switch를 벗어난다. switch 문에서 case로 제공되는 상수값 외의 모든 값에서 동일한 처리를 수행하고 싶다면 아래와 같이 default를 사용한다. 즉, 아래의 코드에서 statementn은 expression이 constant1, constant2와 constant3이 모두 아닐 때 처리된다. 아래의 코드를 순서도의 흐름으로 나타내면 그림 8-5와 같다.

```
switch(expression) {
  case constant1:
  case constant2:
    statement1;
    break;
  case constant3:
    statement3;
    break;
  default:
    statementn;
}
nextStatement;
```

**switch 문에서 break를 이용하지 않으면, 여러 case를 동일하게 처리할 수 있다.**

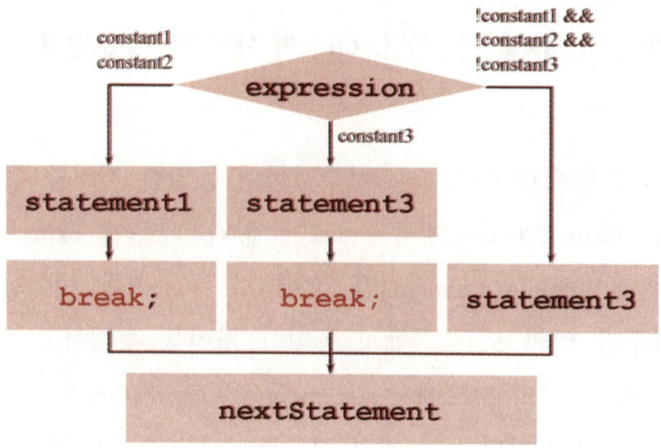


그림 8-5 switch 문의 흐름(break 및 default 사용)

## 8.4 평점 판단 프로그램

[0, 100] 범위의 정수형 점수를 입력받아서 표 8-1과 같은 그 점수에 맞는 평점을 출력하는 프로그램을 작성하자.

표 8-1 평점

| 점수 범위 | 평점 |
|---|---|
| 100～90 | A |
| 89～80 | B |
| 79～70 | C |
| 69～60 | D |
| 59～0 | F |

먼저 정수형 점수를 입력받기 위해서 정수형 변수를 선언하고 scanf로 자료를 입력받는다. 이 입력받은 점수를 표 8-1에 맞춰 평점을 판단하여 출력한다.

평점의 범위로 여러 구간으로 구분되어 있으므로 아래와 같이 else if 문으로 작성할 수 있다. 즉, 처음의 if에서 90보다 크거나 같으면 A이고, 다음 if에서 80보다 크거나 같은 조건은 처음 if가 거짓이 되는 경우이므로 80보다 크거나 같고 90보다 작은 조건이 된다.

```
if(score >= 90)
  printf("A\n");
else if(score >= 80)
    printf("B\n");
```

else if를 사용하지 않고 동일한 동작으로 switch 문으로 작성하는 것을 고려해보자. 가장 먼저 점수의 범위가 [0,100]이므로 101가지의 case가 있다. 이는 너무 복잡한 처리가 된다. 하지만 표 8-1을 자세히 보면 점수의 범위가 10의 자리의 유사성이 있다. 따라서 switch의 조건을 아래와 같이 수정하면 case의 경우가 줄어든다.

```
switch(score/10)
```

A가 되는 조건은 100점까지 포함하면 위의 조건이 10과 9인 경우이다. 따라서 case 10에서 break를 사용하지 않고 아래와 같이 case 9와 같이 처리할 수 있다.

```
case 10:
case 9:
  printf("A\n");
  break;
```

위와 같은 두 가지 방법으로 평점을 판단하는 코드는 프로그램 8-3과 같다. else if 문으로 처리한 결과와 switch 문으로 처리한 결과가 동일한 것을 볼 수 있다.

**프로그램 8-3** 평점 판단 프로그램 (08_03.c)

```
#include <stdio.h>

int main()
{
  int score;

  scanf("%d", &score);

  // if
  if(score >= 90) printf("A\n");
  else if(score >= 80) printf("B\n");
  else if(score >= 70) printf("C\n");
  else if(score >= 60) printf("D\n");
  else printf("F\n");

  // switch
  switch(score/10) {
    case 10:
    case 9:
      printf("A\n");
      break;
    case 8:
      printf("B\n");
      break;
    case 7:
      printf("C\n");
      break;
    case 6:
      printf("D\n");
      break;
    default:
      printf("F\n");
  }

  return 0;
```

```
}
```

**실행 결과 1**

```
100
A
A
```

**실행 결과 2**

```
90
A
A
```

**실행 결과 3**

```
80
B
B
```

**실행 결과 4**

```
70
C
C
```

**실행 결과 5**

```
60
D
D
```

**실행 결과 6**

```
30
F
F
```

## 8.5 사칙 연산 프로그램

사칙 연산자(+, -, *, /)와 연산할 두 정수를 입력받아서 연산을 수행하고 결과를 처리하는 프로그램을 작성하자. 연산자는 문자이므로 문자형(char) 변수로 선언하고, 두 정수는 정수형 변수로 선언하고 scanf로 입력받는다. 문자형도 작은 정수형이므로 switch의 조건이 될 수 있다. 또한 case에 '+', '-', '*', '/'와 같이 문자형으로 상수를 지정할 수 있다. 또한 사칙 연산자가 아닌 경우는 default로 잘못된 입력을 판단할 수 있다. 이와 같은 방법으로 작성된 코드는 프로그램 8-4와 같다.

**프로그램 8-4** 사칙 연산 프로그램 (08_04.c)

```
#include <stdio.h>

int main()
{
  int num1, num2;
  char oper;

  printf("Operator: ");
  scanf("%c", &oper);

  printf("Input numbers: ");
  scanf("%d %d", &num1, &num2);

  switch(oper)
  {
    case '+':
      printf("%d + %d = %d\n", num1, num2, num1+num2);
      break;
    case '-':
      printf("%d - %d = %d\n", num1, num2, num1-num2);
      break;
    case '*':
```

```
      printf("%d * %d = %d\n", num1, num2, num1*num2);
      break;
    case '/':
      printf("%d / %d = %lf\n", num1, num2, (double)num1/num2);
      break;
    default:
      printf("Wrong operator\n");
  }

  return 0;
}
```

**실행 결과 1**

```
Operator: +
Input numbers: 1 3
1 + 3 = 4
```

**실행 결과 2**

```
Operator: -
Input numbers: 1 3
1 - 3 = -2
```

**실행 결과 3**

```
Operator: *
Input numbers: 1 3
1 * 3 = 3
```

**실행 결과 4**

```
Operator: /
Input numbers: 1 3
1 / 3 = 0.333333
```

**실행 결과 5**

```
Operator: &
Input numbers: 1 3
Wrong operator
```

C Programming C 프로그래밍 입문과 활용

# 연습문제 08.

복잡한 선택적 처리

1. else if의 동작에 대해 설명하라.

2. switch 문의 사용법에 대해 설명하라.

3. switch 문에서 break 문의 역할에 대해 설명하라.

4. switch 문에서 default 레이블에 대해 설명하라.

5. 다음 코드의 출력 결과를 예상하고 그 이유를 설명하라.

```
if(x >= 0)
{
  if(x > 0)
    y = 10;
}
else
  y = 20;
```

6. 다음 코드의 출력 결과를 예상하고 그 이유를 설명하라.

```
if(x < 0)
  y = 10;
else if(x > 0)
  if(x > 100)
```

```
    y = 20;
  else
    y = 30;
```

7. 다음 코드의 출력 결과를 예상하고 그 이유를 설명하라.

```
switch(x) {
  case 10:
  case 9:
  case 8:
    x = 10;
  case 7:
    y = 20;
    break;
  case 6:
    x = 11;
    y = 21;
    break;
  case 5:
    x = 12;
  default:
    y = 12;
}
```

8. 위의 6번 코드를 else if문으로 처리하는 프로그램을 작성하라.

9. 입력받은 정수가 2의 배수, 3의 배수와 6의 배수인지를 구분해서 출력하는 프로그램을 작성하라.

10. 입력받은 정수를 음수, 양의 짝수, 음의 짝수로 구분하여 출력하는 프로그램을 작성하라.

# Chapter 9

# 반복적 처리

Chapter 09

# 반복적 처리

## 9.1 while 문

프로그래밍에서 반복적 처리를 루프(loop)라고 하며, 코드 상에는 한 번 작성되지만 연속적으로 여러 번 수행되는 것을 의미한다. 여기서 여러 번을 판단해야 하기 때문에 반복문도 선택문과 같이 조건식이 필요하다. 아래의 if 형식에서 expression이 참이면 statement를 처리하고 if 문을 벗어난다. 즉, 그림 9-1의 왼쪽 순서도로 처리된다.

```
if(expression)
  statement;
nextStatement;
```

그림 9-2의 오른쪽 순서도는 왼쪽의 순서도에서 statement를 처리하고 if 문을 벗어나지 않고 다시 expression을 판단하는 위치로 돌아간다. 즉, expression이 거짓이 될 때까지 statement를 반복한다.

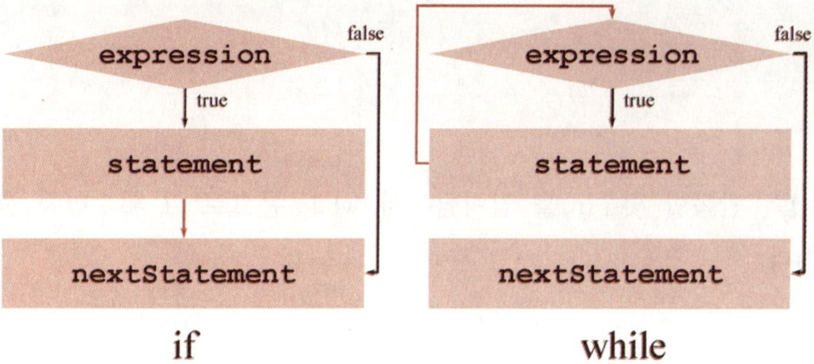


그림 9-1 if와 while

그림 9-1의 오른쪽 순서도와 같이 동작하는 루프를 while이라고 하며, while문의 기본 형식은 아래와 같이 if를 while로 바꾸면 된다.

```
while(expression)
  statement;
nextStatement;
```

## 9.2 횟수 지정 루프

루프의 반복을 조정하는 가장 간단한 방법은 횟수를 지정하는 것이나. N번의 반복을 수행하는 것은, 아래와 같이 반복문이 처리되기 전에 횟수를 0으로 초기화하고, 반복할 때마다 회수를 1 증가시키고, 반복의 조건을 횟수가 N보다 작을 때까지로 지정한다.

```
int i, N = 10;
i = 0;
while(i < N){
  statement;
```

```
  ...
  i++;
}
```

프로그램 9-1은 반복할 횟수(n)를 입력받아서, while 문으로 그 횟수만큼 출력을 반복하는 프로그램이다.

**프로그램 9-1** while의 반복 처리 (09_01.c)

```
#include <stdio.h>

int main()
{
  int i, n;

  scanf("%d", &n);

  i = 0 ;
  while(i < n) {
    printf("Programming(%d)\n", i);
    i++;
  }

  return 0;
}
```

**실행 결과**

```
5
Programming(0)
Programming(1)
Programming(2)
Programming(3)
Programming(4)
```

## 9.3 누적된 합과 곱의 계산

반복문을 이용하여 지정된 구간의 값들의 누적된 합이나 곱을 구하는 것은, 합이나 곱을 저장할 변수를 생성하고 반복문에서 +=이나 *=을 이용하여 계산할 수 있다. 단, 첫 번째 반복에서 누적된 합이나 곱은 현재 반복에서 누적할 값이므로, 아래와 같이 반복을 하기 전에 누적된 합은 0으로 누적된 곱은 1로 초기화해야 한다.

**누적된 합은 0으로 누적된 곱은 1로 초기화하고 반복문을 수행한다.**

```
int i, sum;

i = 10;
sum = 0;              // 0으로 초기화(곱인 경우 1로 초기화)
while(i <= 20){       // i가 10부터 20까지 반복
  sum += i;           // i의 누적된 합을 계산(곱인 경우 sum *= i)
  i++;
}
```

프로그램 9-2는 앞에서 설명한 방법으로 1부터 n까지의 합과 곱을 계산하는 프로그램이다.

**프로그램 9-2** 1부터 n까지의 합과 곱 (09_02.c)

```
#include <stdio.h>

int main()
{
  int i, n, sum, product;

```

```
    scanf("%d", &n);

    sum = 0;
    product = 1;
    i = 1 ;
    while(i <= n) {
      sum += i;
      product *= i;
      i++;
    }

    printf("1 + 2 + ... + %d = %d\n", n, sum);
    printf("1 * 2 * ... * %d = %d\n", n, product);

    return 0;
  }
```

**실행 결과**

```
10
1 + 2 + ... + 10 = 55
1 * 2 * ... * 10 = 3628800
```

## 9.4 최대값과 최소값 선택

여러 자료들 중에서 최대값을 선택하는 것은, 최대값을 저장할 변수를 생성하고 반복문에서 최대값과 비교하여 최대값보다 현재 반복에서 비교되는 값이 크면 최대값을 갱신(현재 비교되는 값으로 수정)하면 된다. 이때, 처음에 비교되는 값은 항상 최대값이 되므로, 아래와 같이 첫 번째 반복에서는 비교 없이 최대값으로 지정한다.

```
int i;
int max, x;
```

```
i = 0;
while(i = 10){                  // 10회 반복
  ...                           // x 입력
  if(i == 0) max = x;           // 처음 비교되는 값을 최대값으로 지정
  else if(x > max) max = x;     // 처음이 아닌 경우에는
                                // 최대값과 비교하여 갱신


  i++;
}
```

최소값을 선택하는 것은 위의 코드에서 x>max로 판단되는 부등호의 방향만 바꾸면 된다. 따라서 10개의 정수형 자료를 입력받아서 최대값과 최소값을 선택하여 출력하는 코드는 프로그램 9-3과 같다.

**프로그램 9-3 최대값과 최소값 선택 (09_03.c)**

```
#include <stdio.h>

int main()
{
  int i, n = 10, x, max, min;

  i = 0;
  while(i < n) {
    scanf("%d", &x);
    if(i == 0) {
      max = x;
      min = x;
    }
    else {
      if(x > max) max = x;
      if(x < min) min = x;
    }

```

```
        i++;
    } // while 블록의 끝

    printf("Max: %d\n", max);
    printf("Min: %d\n", min);

    return 0;
}
```

**실행 결과**

```
10
45
65
-85
45
-68
25
49
-5
12
Max: 65
Min: -85
```

최대값과 최소값을 선택할 때, 앞에서는 처음 반복에서 입력된 값을 최대값 또는 최소값을 지정하였다. 이와 다르게 모든 반복 동작에서 동일한 방법으로 처리하는 것이 가능하다. 이때, 최대값을 구하는 경우에는 반복하기 전에 최대값을 저장할 수 있는 가장 작은 값으로 지정하는 것이다. C에서는 각 자료형마다 저장되는 값의 범위가 결정되어 있다. 이와 같은 값들은 상수로 <limits.h>에 정의되어 있으며 기본적인 상수는 아래와 같다.

```
CHAR_MAX    // char의 최대, SCHAR_MAX
CHAR_MIN    // char의 최소, SCHAR_MIN
INT_MAX     // int의 최대
INT_MIN     // int의 최소
LONG_MAX    // long의 최대
```

```
LONG_MIN    // long의 최소
SHRT_MAX    // short의 최대
SHRT_MIN    // short의 최소
UCHAR_MAX   // unsigned char의 최대, unsigned xxx의 최소는 0
UINT_MAX    // unsigned int의 최대
ULONG_MAX   // unsigned long의 최대
USHRT_MAX   // unsinged short의 최대
```

최대값과 최소값을 선택하는 프로그램 9-3을 수정하여, 각 자료형의 범위를 이용하는 코드는 프로그램 9-4와 같다.

**프로그램 9-4** 최대값과 최소값 선택(INT_MAX, INT_MIN 이용) (09_04.c)

```
#include <stdio.h>
#include <limits.h>

int main()
{
  int i, n - 10, x, max, min;

  max = INT_MIN;
  min = INT_MAX;

  i = 0;
  while(i < n) {
    scanf("%d", &x);

    if(x > max) max = x;
    if(x < min) min = x;

    i++;
  }

 printf("Max: %d\n", max);
 printf("Min: %d\n", min);
```

```
    return 0;
}
```

**실행 결과**

```
10
45
65
-85
45
-68
25
49
-5
12
Max: 65
Min: -85
```

## 9.5 scanf의 EOF를 이용하는 반복

scanf 함수의 원형은 아래와 같다. 함수의 반환값은 정수형으로 성공적으로 입력되어 변수에 저장된 자료의 수를 반환한다. 만일 입력이 잘못되었거나 EOF(end of file)이 입력되면 반환값은 EOF(상수)이다.

```
int scanf(const char *format, ...);
```

따라서 아래와 같이 scanf의 반환값이 EOF가 아닐 때까지 반복하면 EOF의 입력까지 횟수를 미리 결정하지 않고 입력할 수 있다. 키보드를 이용하여 EOF를 입력하는 것은 Windows 운영체제에서는 Ctrl+z이다. 따라서 아래와 같은 코드의 동작에서 x를 원하는

만큼 입력하고, 입력을 종료하고 싶다면 Ctrl+z(화면에 ^Z로 표시)를 입력한다.

```
while(scanf("%d", &x) != EOF) {
  ...
}
```

최대값과 최소값을 선택하는 프로그램 9-3을 수정하여, 입력될 자료의 개수를 지정하지 않고 최대값과 최소값을 선택하는 코드는 프로그램 9-5와 같다.

**프로그램 9-5** 최대값과 최소값 선택(EOF 이용) (09_05.c)

```
#include <stdio.h>

int main()
{
  int i, x, max, min;

  i = 0;
  while(scanf("%d", &x) != EOF) {

    if(i == 0) {
      max = x;
      min = x;
    }
    else {
      if(x > max) max = x;
      if(x < min) min = x;
    }

    i++;
  }

  printf("Max: %d\n", max);
  printf("Min: %d\n", min);
```

```

    return 0;
}
```

**실행 결과**

```
12
15
-51
+54
^Z
Max: 54
Min: -51
```

## 9.6 평균 계산 프로그램

EOF 입력에 의해 자료의 개수를 지정하지 않고 입력받은 후, 입력된 자료들의 산술, 기하, 조화 평균을 계산하여 출력하는 프로그램을 작성하자. 먼저 입력받을 자료를 저장할 변수를 선언하고 프로그램 9-5와 같이 while에서 입력받는다.

입력되는 자료가 $x_1, x_2, \cdots, x_n$으로 $n$개라면 산술 평균은

$$\frac{x_1 + x_2 + \cdots + x_n}{n}$$

로 계산하고, 기하 평균은

$$\sqrt[n]{x_1 \times x_2 \times \cdots \times x_n}$$

로 계산하고, 조화 평균은

$$\frac{n}{\frac{1}{x_1}+\frac{1}{x_2}+\cdots+\frac{1}{x_n}}$$

로 계산한다. 모두 입력된 자료의 개수를 알아야 하므로, 아래와 같이 개수를 저장할 변수를 선언하고 반복 전에 0으로 초기화 하고 반복문에서 1씩 증가시키면 반복된 횟수(자료의 개수)를 저장할 수 있다.

```
int x, n;

n = 0; // 반복 횟수
while(scanf("%d", &x) != EOF) {
  ...
  n++;
}
```

산술 평균은 자료의 누적된 합이, 기하 평균은 누적된 곱이, 조화 평균은 자료의 역수의 합이 필요하다. 따라서 각 자료를 누적된 값을 계산할 변수를 선언하고 반복 전에 순서대로 0, 1, 0으로 초기화한다. 이때, 평균은 모두 실수로 계산하는 것이 일반적이므로 실수형으로 선언한다. 특히 조화 평균은 역수이므로 1보다 큰 정수의 역수는 0이 되므로 자료형에 주의해야 한다.

반복을 끝내고, 산술 평균은 나눗셈으로 계산하고, 기하 평균은 pow 함수를 이용하여 $n$ 제곱근($1/n$ 제곱)을 계산하고, 조화 평균은 역수에 $n$을 곱해서 계산한다.

이와 같은 방법으로 각 평균을 계산하는 코드는 프로그램 9-6과 같다. 16행은 누적된 역수의 합을 구하는 부분인데, x가 정수이므로 1.0을 실수로 지정하여 실수 연산을 수행하도록 했다. 22행도 이와 마찬가지로 실수로 계산하기 위해서 1.0/n으로 작성되었다.

**프로그램 9-6** 산술, 기하 및 조화 평균 계산 (09_06.c)

```
#include <stdio.h>
#include <math.h>

int main()
{
  int n, x;
  double arithm, geom, harm; // 순서대로 산술, 기하, 조화 평균

  n = 0;
  arithm = 0;
  geom = 1;
  harm = 0;
  while(scanf("%d", &x) != EOF) {
    arithm += x;
    geom *= x;
    harm += 1.0/x;

    n++;
  }

  arithm /= n;
  geom = pow(geom, 1.0/n);
  harm = n/harm;

  printf("Arithmetic mean: %lf\n", arithm);
  printf("Geometric mean: %lf\n", geom);
  printf("Harmonic mean: %lf\n", harm);

  return 0;
}
```

**실행 결과**

```
15
26
45
```

```
58
12
^Z
Arithmetic mean: 31.200000
Geometric mean: 26.144315
Harmonic mean: 21.937027
```

## 9.7 모두 및 존재 판정

입력된 자료들이 모두 어떤 조건을 만족하는지, 아니면 어떤 하나라도 존재하는지를 판정하는 경우가 있다. 예를 들어, n이 소수(prime number)이기 위해서는 [2, n-1]의 수가 n의 약수가 아니어야 한다. 이와 같은 문제를 [2, n-1]이 모두 약수가 아닌 경우에 소수가 된다고 판정할 수 있다. 또, [2, n-1]에서 적어도 한 개의 약수가 존재하면 소수가 아니라고 판정할 수 있다.

모두 약수가 아닌 경우에 소수로 판정하는 것은, [2, n-1]로 반복하면서 이전까지의 판정에서 약수가 없고, 현재 반복에서도 약수가 아닌 경우에 소수이고 그렇지 않으면 소수가 아닌 것으로 판정한다. 단, 처음 반복에는 이전 판정이 없으므로 이전 판정이 소수인 것으로 초기화한다. 따라서 이 방식은 아래의 코드와 같다. 여기서 prime은 소수인 경우에 참(1)이고 아닌 경우에 거짓(0)을 저장한다.

```
int i, n, prime;
...
prime = 1;
i = 2;
while(i < n) {
  if(prime && n%i != 0) prime = 1;
  else prime = 0;
```

```
    i++;
  }
```

[2, n-1]에서 적어도 한 개의 약수가 존재하면 소수가 아니라고 판정하는 것은, 반복을 수행하기 전에 소수라고 지정하고, 반복하면서 약수이면 소수가 아니라고만 지정하면 된다. 따라서 이 방식은 아래와 같으며, 앞의 방식보다 간단하다.

```
  int i, n, prime;
  ...
  prime = 1;
  i = 2;
  while(i < n) {
    if(n%i == 0) prime = 0;

    i++;
  }
```

위의 두 가지 방식으로 입력된 정수가 소수인지를 판단하는 코드는 프로그램 9-7과 같다. 19, 27행과 같이 소수이면 출력하고, 아니면 출력하지 않는다. 또한 2보다 작은 값은 이 방식이 맞지 않으므로 10행과 같은 조건으로 2보다 작은 값이 입력되면 main 함수를 종료한다.

**프로그램 9-7** 소수 판별 (09_07.c)

```
1  #include <stdio.h>
2
3  int main()
4  {
5    int i, n;
6    int prime;
7
8    scanf("%d", &n);
```

```

    if(n < 2) return 0;

    prime = 1;
    i = 2;
    while(i < n) {
      if(prime && n%i != 0) prime = 1;
      else prime = 0;
      i++;
    }
    if(prime) printf("Prime number %d\n", n);

    prime = 1;
    i = 2;
    while(i < n) {
      if(n%i == 0) prime = 0;
      i++;
    }
    if(prime) printf("Prime number %d\n", n);

    return 0;
  }
```

**실행 결과 1**

```
7
Prime number 7
Prime number 7
```

**실행 결과 2**

```
8
```

**실행 결과 3**

```
13
Prime number 13
Prime number 13
```

**실행 결과 4**

```
15
```

C Programming C 프로그래밍 입문과 활용

# 연습문제 09

반복적 처리

1. 다음 코드의 동작을 설명하라

```
while(x > 0);
  y = 100;
```

2. 다음 코드의 동작을 설명하라.

```
while(x%2)
  y = 100;
  z = 200;
```

3. 다음 코드의 동작을 설명하라.

```
int x = 10, sum = 0;
while(x <= 20) {
  sum += x;
  x += 2;
}
```

4. 다음 코드의 동작을 설명하라.

```
int x = 10, multiply = 1;
while(x <= 15) {
  if(x%2 == 0)
    multiply *= x;
  x++;
```

```
}
```

5. 1부터 100까지의 홀수의 합을 계산하는 프로그램을 작성하라.

6. 5개의 실수값을 입력받아서 그 값들의 평균을 계산하여 출력하는 프로그램을 작성하라.

7. 문자를 입력받아서 그 문자 앞뒤로 5개씩의 문자를 출력하는 프로그램을 작성하라.

8. 실수를 EOF가 입력될 때까지 입력받고, 그 입력된 값들의 최대값, 최소값, 평균을 계산해서 출력하는 프로그램을 작성하라.

9. 양의 정수를 입력받아서 그 정수의 약수를 모두 출력하는 프로그램을 작성하라.

10. 양의 정수를 입력받아서 그 정수의 배수를 10개 출력하는 프로그램을 작성하라.

11. 양의 정수를 입력받아서 그 정수가 완전수인지를 판단하는 프로그램을 작성하라. 완전수란 약수의 합이 그 수의 두개가 되는 수이다. 즉, 자기 자신을 제외한 약수의 합이 자기 자신이 되는 수이다.

# Chapter 10

# 복잡한 반복적 처리

Chapter 10

# 복잡한 반복적 처리

## 10.1 for 문

while 문에서 횟수를 지정하여 반복하는 경우에, while전에 횟수의 초기화, while에서 반복 조건 판단과 횟수 증가의 3가지 항목이 필수적으로 사용된다. 이러한 항목을 한 번에 지정할 수 있는 형식이 for 문이다. for 문은 아래와 같은 형식을 가지며, expression1은 for가 처리되기 전에 한 번 처리되는 초기화 동작이고, expression2는 반복을 위한 조건이며, expression3은 반복 동작(statement)을 수행한 후에 처리하는 갱신 동작이다.

```
for(expression1 ; expression2 ; expressin3)
  statement;
nextStatement;
```

예를 들어, 아래와 같은 코드는 for의 반복이 수행되기 전에 한번 i = 0으로 초기화되고, i < 3보다 작으면 “for loop"를 화면에 출력하고 i를 1증가시키고(i++) 다시 반복 조건 (i<3)을 판단한다.

```
int i;
for(i = 0 ; i < 3 ; i++)
  printf("for loop\n");
```

for 문의 또 다른 특징은 ( )안에 세 가지 항목 모두 어떤 것이든지 생략이 가능하다. 만일 for 형식에서 expression1이나 expression3이 생략되면, 초기화 동작이 없거나 반복 후에 갱신 동작이 없는 것을 의미한다. 하지만 expression2의 반복 조건이 없는 것은 반복 조건이 참인 것을 의미한다. 즉, 아래의 세 가지 형식은 모두 동일하다.

```
for( ; ; )
  statement;

for( ; 1 ; )
  statement;

while(1)
  statement;
```

위와 같이 종료가 결정되지 않고 계속 반복하는 루프를 무한루프(infinite loop)라고 한다.

## 10.2 콤마 연산자의 사용

콤마 연산자(,)는 연산식을 구분하는 것으로 아래와 같이 두 개 이상의 문장을 콤마로 구분할 수 있다. 또한 콤마 연산자는 대입 연산자(=)보다 낮은 최하위 연산자 우선순위를 가진다.

```
x = 10, y = 20;    // x = 10; y = 20이 동작
```

이와 같은 콤마 연산자는 왼쪽에서 오른쪽으로 연산하므로 연산의 결과는 오른쪽이다. 따라서 아래와 같은 코드는, 먼저 y = 20이 처리되고 z = 30이 처리된다. 다음 ( )의 결과가 x에 대입되는데 ( )에서 콤마로 구분되어 있으므로 ( )의 결과는 콤마의 오른쪽 값이다. 따라서 x에는 z의 값 30이 대입된다.

```
x = (y = 20, z = 30);
```

위와 같은 수식은 프로그램의 가독성을 떨어뜨리므로, 일반적으로 아래와 같이 두 문장으로 풀어서 작성한다.

```
y = 20;
x = z = 30;
```

이와 같은 콤마 연산자가 유용하게 사용되는 부분이 있는데, for의 expression1과 expression3이다. 즉, for에서 초기화 동작이나 갱신 동작이 여러 개인 경우에는 콤마 연산자를 이용하여 아래와 같이 작성할 수 있다.

```
for(expr11[, expr12,...] ; expr2 ; expr31[, expr32, ...])
  statement;
nextStatement;
```

예를 들어, x = 1부터 y = 2부터 시작하고, x는 1씩 증가하고 y는 2씩 감소하면서 반복을 수행하는 코드는 아래와 같이 작성할 수 있다.

```
for(x = 1, y = 2 ; expr2 ; x++, y -= 2)
  statement;
nextStatement;
```

콤마 연산자를 이용하여 조건을 판단하는 것은 아주 잘못된 결과를 초래할 수 있다. 즉 아래와 같이 if 조건에 콤마 연산자로 수식을 표현하면 ( )의 결과는 뒤의 수식(expression2)이므로 앞의 수식(expression1)은 아무 의미가 없다. 즉, 조건을 결합하는 경우에는 논리 연산자(&&나 ||)를 이용해야 한다. 따라서 for의 반복 조건식에서 콤마 연산자를 사용하는 경우는 거의 없다.

```
for(expression1, expression2)
  statement;
nextStatement;
```

**콤마 연산자는 for의 첫 번째와 세 번째 항목에서만 사용하는 것이 좋다.**

## 10.3 for 문을 이용한 소수 판별

프로그램 9-7의 소수 판별을 for 문으로 변경하면, 프로그램 10-1과 같이 보다 간략하게 작성할 수 있다. 첫 번째 소수 판별에서는 12행과 같이 prime을 for 외부에서 초기화했고, 두 번째 소수 판별에서는 19행과 같이 prime과 i를 콤마 연산자를 이용해서 for에서 초기화 했다.

**프로그램 10-1** 소수 판별 (10_01.c)

```
1   #include <stdio.h>
2
3   int main()
4   {
5     int i, n;
```

```
    int prime;

    scanf("%d", &n);

    if(n < 2) return 0;

    prime = 1;
    for(i = 2 ; i < n ; i++) {
      if(prime && n%i != 0) prime = 1;
      else prime = 0;
    }
    if(prime) printf("Prime number %d\n", n);

    for(i = 2, prime = 1 ; i < n ; i++) {
      if(n%i == 0) prime = 0;
    }
    if(prime) printf("Prime number %d\n", n);

    return 0;
  }
```

**실행 결과 1**

```
7
Prime number 7
Prime number 7
```

**실행 결과 2**

```
8
```

**실행 결과 3**

```
13
Prime number 13
Prime number 13
```

**실행 결과 4**

```
15
```

## 10.4 do...while

while은 그림 10-1과 같이 먼저 반복 조건을 판단하고 반복 문장을 처리한다. 반면, do...while은 먼저 반복 문장을 처리한 후에, 반복 조건을 판단하여 반복 조건이 참이면 앞의 반복을 실행한다. for와 while은 먼저 반복 조건을 판단하므로 반복 조건이 거짓이라면 반복 문장을 절대로 처리되지 않는다. 반면 do...while은 먼저 반복 문장으로 처리하기 때문에, 반복 조건이 거짓이라도 반복 문장은 적어도 한 번 실행된다.

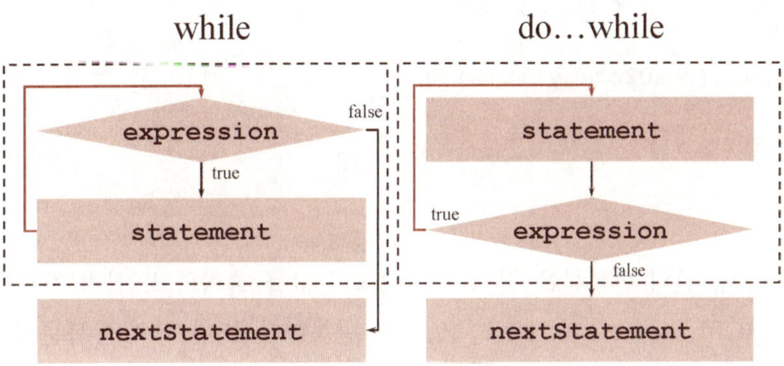


그림 10-1 while과 do...while

이와 같은 do...while 문의 형식은 아래와 같으며, statement가 반복 문장이고, expression이 반복 조건이나.

```
do
  statement;
while(expression);
nextStatement;
```

## 10.5 중첩 반복문

if 문에 if 문이 중첩되어 사용되듯이 반복문에 반복문이 중첩되어 사용될 수 있다. 아래의 코드에서, 안에 있는 fot은 x에 의해 10회 반복하고 밖의 for는 y에 의해 10회 반복하므로 printf로 출력되는 동작은 모두 100번이 된다.

```
for(y = 0 ; y < 10 ; y++)
{
  for(x = 0 ; x < 10 ; x++)
  {
    printf(" %02d", y*10+x);
  }
  printf("\n");
}
```

위의 코드에서, 안의 반복문은 일의 자리에 x의 값을 출력하고, 십의 자리에 y의 값을 출력하므로, 00, 01, ..., 09, ...10, 11, ..., 19, ...로 반복한다. 또한 밖의 반복문에서 x에 대한 반복문을 처리하고 줄을 바꾸기 때문에 아래와 같은 출력 결과를 가진다.

```
00 01 02 03 04 05 06 07 08 09
10 11 12 13 14 15 16 17 18 19
20 21 22 23 24 25 26 27 28 29
30 31 32 33 34 35 36 37 38 39
40 41 42 43 44 45 46 47 48 49
50 51 52 53 54 55 56 57 58 59
60 61 62 63 64 65 66 67 68 69
70 71 72 73 74 75 76 77 78 79
80 81 82 83 84 85 86 87 88 89
90 91 92 93 94 95 96 97 98 99
```

## 10.6 구구단 출력 프로그램

2단부터 9단까지의 구구단을 계산하여 출력하는 프로그램을 작성하자. 먼저 단을 지정할 정수형 변수(n)와 각 단의 [1, 9]와의 곱을 계산해줄 변수(i)가 필요하므로 두 변수를 먼저 선언한다. 각 단의 출력 형식이 단의 값만 변경되면 같으므로, for 문에서 i를 1에서 9로 증가하면서 n*i를 출력한다. 또, 여기서 n만 수정하면 각 단을 출력할 수 있으므로 n을 2에서 9로 증가하면서 앞의 for를 포함하도록 프로그램 10-2와 같이 작성할 수 있다.

**프로그램 10-2** 구구단 출력 (10_02.c)

```
#include <stdio.h>

int main()
{
  int n, i;

  for(n = 2 ; n < 10 ; n++)
  {
    for(i = 1 ; i < 10 ; i++)
    {
      printf("%2d * %2d = %2d\n", n, i, n*i);
    }
    printf("\n");
  }

  return 0;
}
```

**실행 결과**

```
 2 *  1 =  2
 2 *  2 =  4
 2 *  3 =  6
 2 *  4 =  8
```

```
 2 *  5 = 10
 2 *  6 = 12
 2 *  7 = 14
 2 *  8 = 16
 2 *  9 = 18

 3 *  1 =  3
 3 *  2 =  6
 3 *  3 =  9
 3 *  4 = 12
 3 *  5 = 15
 3 *  6 = 18
 3 *  7 = 21
 3 *  8 = 24
 3 *  9 = 27
// 이하 결과 생략
```

## 10.7 break/continue 문

break는 switch에서 switch 영역을 강제로 벗어나기 위해서 사용했다. 이와 마찬가지로 반복문(while, for, do...while)안에서도 break가 사용될 수 있으며, break를 만나면 동작은 반복문 밖으로 빠져 나간다.

이와 같은 break는 현재 사용된 루프만 벗어나기 때문에 중첩된 루프 내에서 break를 사용하더라도 break를 포함한 루프만 벗어난다. 즉, 아래의 코드에서 if의 조건에 의해 break가 수행되면 처리는 (1)의 위치로 간다.

```
for(...)
{
  for(...)
    if(...) break;
```

```
    // (1)
  }
  // (2)
```

소수를 판별하는 프로그램 10-1의 두 번째 경우에서, i가 n의 약수이면 더 이상 위의 수들(i+1, i+2, ...)에 대한 평가는 불필요하다. 따라서 하나라도 i가 n의 약수이면 더 이상 반복을 수행할 필요가 없다. 따라서 처리 시간을 단축하기 위해서 아래와 같이 break를 추가해서 코드를 수정할 수 있다.

```
for(i = 2, prime = 1 ; i < n ; i++) {
  if(n%i == 0) {
    prime = 0;
    break;
  }
}
if(prime) printf("Prime number %d\n", n);
```

break는 반복문을 종료하지만, continue는 반복을 계속한다. 이때, continue 다음의 반복 동작을 수행하지 않고 반복을 계속한다. 즉, 아래와 같이 while 문내에서 expression2가 참이 되어 continue가 실행되면, statement2 아래의 반복 동작은 처리되지 않고 expression1의 반복 조건을 다시 판단하게 된다.

```
while(expression1) {
  statement1;
  ...
  if(expression2) continue;
  statement2;
  ...
}
```

반면, 아래와 같이 for 문내에서 expression4가 참이면 continue가 실행되며, statement2 아래의 반복 동작은 처리되지 않고 expression3의 갱신 동작을 처리하고 expression2의 반복 조건을 다시 판단한다.

```
for(expression1 ; expression2 ; expression3) {
  statement1;
  ...
  if(expression4) continue;
  statement2;
  ...
}
```

do...while도 while과 동일하게 continue를 만나면 while의 반복 조건을 다시 판단한다.

```
while(expression1) {
  if(expression2 && expression3 && expression4)
  {
    statement1;
    ...
  }
}
```

이와 같은 continue문은 위와 같이 반복문 안에서 처리할 조건이 복잡할 때, 블록을 줄여 아래와 같이 작성할 수 있다.

```
while(expression1) {
  if(!expression2) continue;
  if(!expression3) continue;
  if(!expression4) continue;

  statement1;
```

```
  ...
}
```

## 10.8 π 의 근사값 계산 1

π의 근사값은 여러 가지 수식으로 표현할 수 있다. 가장 간단한 근사값 수식으로 아래와 같은 수식이 있다.

$$\pi = 4\left(1 - \frac{1}{3} + \frac{1}{5} - \frac{1}{7} + \cdots\right) - 4\lim_{n\to\infty}\sum_{i=1}^{n}(-1)^{i+1}\frac{1}{2i-1}$$

여기서 근사값은 무한대까지의 합으로 계산되므로 입력된 유한한 값(n)까지의 합으로 계산하는 프로그램을 작성하자. 먼저 유한한 값(n)을 저장할 변수를 선언하고 scanf로 입력되어야 한다. 반복해서 합을 계산하기 위하여 위 수식의 i를 저장하고 처리할 변수와 π의 근사값을 저장할 변수가 필요하다. 다음 위의 수식을 그대로 작성하면 프로그램 10-3과 같이 작성할 수 있다. 13행의 반복은 $\sum$의 계산이고, 15행은 반복을 마치고 $\sum$ 앞의 4를 곱하는 것이다.

**프로그램 10-3** π의 근사값 계산 1 (10_03.c)

```
1   #include <stdio.h>
2   #include <math.h>
3
4   int main()
5   {
6     int n, i;
7     double pi;
8
```

```
    scanf("%d", &n);

    pi = 0;
    for(i = 1 ; i <= n ; i++)
      pi += pow(-1, i+1)/(2*i-1);

    pi *= 4;

    printf("%lf\n", pi);

    return 0;
}
```

**실행 결과 1**

```
10
3.041840
```

**실행 결과 2**

```
1000
3.140593
```

**실행 결과 3**

```
100000
3.141583
```

## 10.9 $\pi$ 의 근사값 계산 2

$\pi$의 근사값을 계산하는 방법으로 아래의 수식을 이용할 수 있다.

$$\pi = \frac{2}{\frac{\sqrt{2}}{2} \cdot \frac{\sqrt{2+\sqrt{2}}}{2} \cdot \frac{\sqrt{2+\sqrt{2+\sqrt{2}}}}{2} \cdot \cdots} = \lim_{n \to \infty} \frac{2^{n+1}}{\prod_{i=1}^{n} a_i}$$

$$\text{여기서, } a_0 = 0 \text{ 이고 } a_{i+1} = \sqrt{2 + a_i}\,,\ i \geqq 0$$

여기서 근사값은 무한대까지로 계산되므로 입력된 유한한 값(n)까지 계산하는 프로그램을 작성하자. 먼저 유한한 값(n)을 저장할 변수를 선언하고 scanf로 입력되어야 한다. 위의 수식에서 분자항은 바로 계산할 수 있으므로 분모를 먼저 계산하고 나중에 분자항을 곱하면 된다.

분모항은 누적된 곱이므로 반복을 위한(i) 변수와 분모값을 저장할 변수가 필요하다. i = 1의 $a_1$부터 계산에 필요하므로 반복문 전에 $a$를 0으로 초기화하고 반복문에서 $a_i$를 갱신한다. 분모는 누적된 곱이므로 반복문 앞에서 1로 초기화하고 계산된 $a_i$를 누적해서 곱한다.

반복문에서 분모항이 계산되면 분자항을 곱해서 프로그램 10-4와 같이 작성할 수 있다.

**프로그램 10-4** π의 근사값 계산 2 (10_04.c)

```
#include <stdio.h>
#include <math.h>

int main()
{
  int n, i;
  double pi, a;

  scanf("%d", &n);

  pi = 1;
  a = 0;
  for(i = 1 ; i <= n ; i++)
  {
    a = sqrt(2+a);
    pi *= a;
  }

```

```
    pi = pow(2, n+1)/pi;

    printf("%lf\n", pi);

    return 0;
}
```

**실행 결과 1**

```
3
3.121445
```

**실행 결과 2**

```
10
3.141591
```

**실행 결과 3**

```
15
3.141593
```

## 10.10 goto

goto 문은 반복문과 관계없이 어느 위치로든지 흐름을 이동할 수 있는 분기문이다. 이와 같이 어느 위치로든지 분기할 수 있으므로, 코드를 이해하기 어렵게 만들고 처리 과정에 누락된 처리가 포함될 수 있다. 따라서 비효율적인 면이 있어 일반적으로 많이 사용하지는 않는다. 그러나 복잡한 흐름을 쉽게 벗어나기 위해서 가끔 사용되며 그 사용법은 아래와 같다. 여기서 labelName은 식별어로서 사용자가 작성한 이름으로 goto labelName을 만나면 labelName의 위치로 이동한다. 레이블은 지정하고 싶은 위치에 콜론(:)과 같이 사용하여 지정할 수 있다.

```
goto labelName;
```

```
....

labelName:
  statement;
```

C Programming C 프로그래밍 입문과 활용

# 연습문제 10. 복잡한 반복적 처리

1. for 문과 while 문을 비교 설명하라.

2. while 문과 do...while 문을 비교 설명하라.

3. 반복문에서 break와 continue의 동작에 대해 설명하라.

4. 다음 코드의 동작을 설명하라.

```
for(x = 1, sum = 0 ; x <= 100 ; x+=3)
  sum += x;
```

5. 다음 코드의 동작을 설명하라.

```
x = 1;
sum = 0;
do {
  sum += x;
  x++;
} while(x <= 10);
```

6. 다음 코드의 동작을 설명하라.

```
sum = 0;
for(x = 1 ;  ; x++) {
```

```
  if(x&2 == 1) continue;
  if(x > 10) break;
  sum += x;
}
```

7. 다음 코드의 동작을 설명하라.

```
for(y = 0 ; y < 10 ; y++)
{
  for(x = 0 ; x < y ; x++)
    printf("*");
  printf("\n");
}
```

8. 다음과 같이 출력되는 프로그램을 작성하라

```
*****
****
***
**
*
```

9. 다음과 같이 출력되는 프로그램을 작성하라.

```
987654321
87654321
7654321
654321
54321
4321
321
21
1
```

10. 두 양수의 최대 공약수를 구하는 프로그램을 작성하라. 두 양수의 최대 공약수

는 한 정수의 약수 중에서 다른 정수의 약수가 되는 최대값이다.

11. 두 양수의 최대 공약수를 유클리드 호제법으로 구하는 프로그램을 작성하라. 유클리드 호제법은 n1과 n2의 최대 공약수는 n2와 n1%2의 최대 공약수이고, n2가 0이면 n1이 최대 공약수가 된다.

12. 자연 로그의 밑(e)의 근사값을 계산하는 프로그램을 작성하라. e는 아래의 수식으로 근사값을 계산할 수 있다.

$$e = 1 + \frac{1}{1!} + \frac{1}{2!} + \frac{1}{3!} + \cdots = 1 + \lim_{n \to \infty} \sum_{i=1}^{n} \frac{1}{i!}$$

Chapter 11

# 함수의 사용 2

Chapter 11

# 함수의 사용 2

## 11.1 의사 난수(pseudo random number) 관련 함수

난수(random number)란 특정한 규칙을 가지지 않고 발생하는 임의의 수를 말한다. 이와 달리 의사 난수란 초기값(seed)에 의해 난수열을 발생하는 방법이다. 이와 같은 의사 난수값은 아래의 rand 함수를 이용하여 얻을 수 있다.

```
int rand(void);
```

rand 함수는 <stdlib.h>에 선언되어 있으며, 반환값은 [0, RAND_MAX] 범위이다. 여기서 RAND_MAX 상수는 32767로 정의되어 있다. 프로그램 11-1은 rand 함수로 5개의 난수를 발생하여 출력하는 프로그램이다. 이 프로그램을 여러 번 수행하더라도 실행 결과는 항상 같다. 이것은 rand 함수가 진짜 난수가 아닌 의사 난수를 생성하기 때문이다.

프로그램 11-1 의사 난수 발생 프로그램 (11_01.c)

```
#include <stdio.h>
```

```
#include <stdlib.h>

int main()
{
  printf("%d\n", rand());
  printf("%d\n", rand());
  printf("%d\n", rand());
  printf("%d\n", rand());
  printf("%d\n", rand());

  return 0;
}
```

**실행 결과**

```
41
18467
6334
26500
19169
```

프로그램 11-1과 같이 생성되는 난수열이 항상 같은 것은 의사 난수의 초기값이 일정하기 때문이다. 따라서 의사 난수 생성 함수(rand)를 이용하여 진짜 난수처럼 사용하기 위해서는 난수의 초기값을 진짜 난수로 지정하면 된다. 난수의 초기값은 아래의 srand 함수로 지정할 수 있다.

```
void srand(unsigned int seed);
```

srand 함수는 rand와 같이 <stdlib.h>에 선언되어 있으며, 매개변수로 전달되는 인수가 난수의 초기값이다. srand에 진짜 난수를 초기값으로 지정하면 rand 함수는 진짜 난수와 비슷한 결과를 얻을 수 있다. 하지만, 진짜 난수를 사용자가 생성하는 것은 매우 어렵다. 따라서 아래의 시간 결정 함수를 사용하여 현재 시간을 난수의 초기값으로 지정한다.

```
time_t time(time_t *timer);
```

time 함수는 <time.h>에 선언되어 있으며, 매개변수에 사용된 *는 포인터로서 18장에서 다룰 것이다. time 함수의 인수로 0을 전달하면 현재 시간이 초단위로 계산되어 반환하는데 그 결과는 time_t 형 이다. time_t형은 초단위로 계산된 시간으로 일반적으로 정수형(long)을 사용한다. 따라서 현재 시간으로 난수의 초기값을 지정하는 것은 아래와 같이 사용한다. 이와 같은 난수의 초기값의 지정은 프로그램에 시작에서 한 번만 지정하더라도 일정하게 나오는 난수열의 형식이 바뀌므로 여러 번 사용하지 않는 것이 좋다.

**srand에 의한 난수 초기값의 지정은 프로그램 시작에서 한 번만 수행하는 것이 좋다.**

```
srand((unsigned)time(0));
```

프로그램 11-2는 난수의 초기값을 현재 시간으로 바꾸고 난수를 생성하는 프로그램으로, 실행 결과는 일정하지 않고 다르게 출력된다.

**프로그램 11-2** 난수 발생 프로그램 (11_02.c)

```
#include <stdio.h>
#include <stdlib.h>
#include <time.h>

int main()
{
  srand((unsigned)time(0));

  printf("%d\n", rand());
  printf("%d\n", rand());
```

```
    printf("%d\n", rand());
    printf("%d\n", rand());
    printf("%d\n", rand());

    return 0;
}
```

**실행 결과**

```
20656
19707
18245
986
8433
```

rand 함수의 반환값은 [0, RAND_MAX] 범위의 정수이다. 하지만 프로그램의 특성에 따라서 난수의 범위가 다르게 필요한 경우가 있다. 만일 난수가 범위가 [0, N]의 범위가 필요하다면 가장 간단한 방법으로 아래와 같이 % 연산자를 사용할 수 있다. 이것은 (N+1)으로 나눈 나머지는 [0, N]의 범위에 있기 때문이다.

```
rand()%(N+1)          // [0, N]
rand()%N+1            // [1, N]
```

만일 실수의 난수가 필요하다면 가장 간단한 방법으로 아래와 같이 실수 나눗셈을 이용할 수 있다.

```
rand()*x/(double)RAND_MAX        // [0, x]의 실수
```

## 11.2 확률 실험 프로그램 1

두 개의 주사위를 던져 합이 10인 경우의 확률을 실험을 통하여 확인하는 프로그램을 작성하자. 주사위의 한 면의 값은 [1, 6]의 정수이므로 아래와 같이 난수 함수를 통해서 주사위의 값을 실험할 수 있다.

```
rand()%6+1
```

두 개의 주사위의 합이 10인 경우이므로, 위와 같은 난수를 2회 생성해서 합이 10이 되는 횟수를 저장하고 총 실험 횟수로 나누면 실험에 의한 확률이 계산된다. 따라서 10000번을 실험하고 1000의 배수가 되는 실험에서 결과를 출력하는 코드는 프로그램 11-3과 같다. 수학적인 확률이 8.33%인데, 실행 결과와 유사한 것을 확인할 수 있다. 보다 정확한 결과를 얻기 위해서는 실험 횟수를 증가시켜야 한다.

**프로그램 11-3** 주사위 확률 실험 (11_03.c)

```
#include <stdio.h>
#include <stdlib.h>
#include <time.h>

int main()
{
  int i, result;
  int cnt;
  double prob;

  srand((unsigned)time(0));

  cnt = 0;                          // 10이 나온 횟수, 초기값 0
  for(i = 1 ; i <= 10000 ; i++)
```

```
    {
      result = rand()%6+1;         // 첫 번째 주사위 값
      result += rand()%6+1;        // 두 번째 주사위와의 합

      if(result == 10) cnt++;      // 10이 나온 횟수

      prob = (double)cnt/i;

      if(i%1000 == 0)
        printf("%lf%%(test: %d)\n", prob*100, i);
    }

    return 0;
  }
```

**실행 결과**

```
8.200000%(test: 1000)
8.650000%(test: 2000)
8.600000%(test: 3000)
8.625000%(test: 4000)
8.680000%(test: 5000)
8.516667%(test: 6000)
8.357143%(test: 7000)
8.250000%(test: 8000)
8.455556%(test: 9000)
8.410000%(test: 10000)
```

## 11.3 확률 실험 프로그램 2

윷놀이에서 도가 나올 확률을 실험을 통하여 확인하는 프로그램을 작성하자. 먼저 윷은 평면과 둥근 부분으로 나뉜다. 약간의 차이가 있으나 일반적으로 평면이 위로 나올 확률이 60%이고 둥근 부분이 위로 나올 확률이 40%이다. 또, 도가 되는 경우는 4개의 윷에

서 평면이 1개로 나온 경우이다.

윷의 평면과 둥근 부분이 나올 확률이 다르므로 아래와 같이 [0, 9] 범위의 정수형 난수가 6보다 작으면(0, 1, 2, 3, 4, 5) 평면으로 고려하고, 아니면 둥근 부분으로 생각할 수 있다.

```
rand()%10 < 6
```

위와 같은 난수를 한 개의 윷으로 생각하면 4회를 실험하여 윷의 결과를 얻을 수 있다. 도는 평면이 1개 나온 경우이므로 위의 조건이 나오는 개수가 1이면 아래와 같이 도로 판단한다.

```
result = 0;          // 윷의 평면이 나온 개수

for(k = 0 ; k < 4 ; k++)
  if(rand()%10 < 6) result++;

if(result == 1) cnt++;// 평면이 한 개이면 도
```

위와 같은 실험을 100000000번 실험하고 1번, 10번, 100번, 1000번,... 실험했을 때의 결과를 출력하자. 이와 같은 출력은 아래와 같이 최초 출력을 1로 두고, 출력할 때마다 10을 곱하여 이 값과 같은 반복 횟수에서 출력하면 된다.

```
int i, print;

print = 1;
for(i = 1 ; i <= 100000000 ; i++) {

  if(i == print) {
    // 출력
    print *= 10;
  }
```

```
}
```

위와 같은 방법으로 도가 나올 확률을 실험적으로 확인하는 코드는 프로그램 11-4와 같다. 15행의 cnt는 현재 실험 중에서 도가 나온 개수를 누적하는 변수로서 24행과 같이 총 실험 횟수로 나누어 확률을 계산한다.

수학적으로 평면과 둥근 부분이 나올 확률을 6:4로 봤을 때, 도가 나올 확률은 15.36%이다. 실험 결과를 보면 실험 횟수가 증가할수록 수학적 확률과 근사하는 것을 확인할 수 있다.

**프로그램 11-4 도가 나올 확률 (11_04.c)**

```
1  #include <stdio.h>
2  #include <stdlib.h>
3  #include <time.h>
4
5  int main()
6  {
7    int i, k, result;
8    int cnt;
9    int print;
10   double prob;
11
12   srand((unsigned)time(0));
13
14   print = 1;
15   cnt = 0;
16   for(i = 1 ; i <= 100000000 ; i++)
17   {
18     result = 0;
19     for(k = 0 ; k < 4 ; k++)
20       if(rand()%10 < 6) result++;
21
22     if(result == 1) cnt++;
23
```

```
    prob = (double)cnt/i;

    if(i == print)
    {
      printf("%lf%%(test: %d)\n", prob*100, i);
      print *= 10;
    }
  }

  return 0;
}
```

**실행 결과**

```
100.000000%(test: 1)
10.000000%(test: 10)
8.000000%(test: 100)
14.100000%(test: 1000)
15.330000%(test: 10000)
15.426000%(test: 100000)
15.352300%(test: 1000000)
15.340820%(test: 10000000)
15.361561%(test: 100000000)
```

## 11.4 문자 관련 표준 라이브러리 함수

C에서 제공하는 문자 관련 함수는 <ctype.h>에 선언되어 있으며, 많이 사용되는 함수는 표 11-1과 같다.

표 11-1 문자 관련 표준 라이브러리 함수

| 함수의 원형 | 설명 |
| --- | --- |
| int isalpha(int c); | c가 알파벳 문자이면 참(0이 아님)을 반환 |
| int isdigit(int c); | c가 숫자 문자이면 참을 반환 |
| int isxdigit(int c); | c가 16진수 숫자 문자이면 참을 반환 |
| int isupper(int c); | c가 알파벳 대문자 문자이면 참을 반환 |
| int islower(int c); | c가 알파벳 소문자 문자이면 참을 반환 |
| int isalnum(int c); | c가 알파벳 또는 숫자 문자이면 참을 반환 |
| int tolower(int c); | c가 대문자이면 그 글자의 소문자를 반환 |
| int toupper(int c); | c가 소문자이면 그 글자의 대문자를 반환 |

표 11-1의 함수들의 매개변수는 int로 되어 있으나 문자(char 형)를 인수로 전달한다. ASCII 코드 65번이 'A'이므로 'A' 가 알파벳인지를 판별하는 것은 아래의 두 가지를 모두 사용할 수 있다.

```
isalpha(65)
isalpha('A')
```

isdigit는 숫자를 표현하는 문자로 '0'(48) ~ '9'(57)을 판별하는 함수이고, isxdigit는 16진수 숫자를 표현하는 문자이므로 '0' ~ '9', 'a', 'A', 'b', 'B', 'c', 'C', 'd', 'D', 'e', 'E', 'f', 'F'를 판별하는 함수이다.

tolower(toupper) 함수는 인수가 대문자(소문자)이면 소문자(대문자)로 반환하는 함수이다. 함수의 반환값은 정수형이므로 문자의 ASCII 번호를 반환한다.

프로그램 11-5는 표 11-1의 함수들을 사용하는 예로서 8행의 for에서 ' ' (space)에서 '~'까지 반복하고 있다. 이것은 정수 32에서 126까지 반복하는 것과 동일하고, 이 사이의 문자들은 출력이 가능한 문자이다. 조건 연산자를 사용하는 부분은 isxxxx 함수에 의해 'o' 또는 'x'를 출력한다. 15행에서 소문자로 바꾸어 출력하는 것은 14행의 if의 조건과 같이 대문자인 경우에만 처리했다.

**프로그램 11-5 문자 관련 함수 사용 (11_05.c)**

```
1   #include <stdio.h>
2   #include <ctype.h>
3
4   int main()
5   {
6     char ch;
7
8     for(ch = ' ' ; ch <= '~' ; ch++) {
9       printf("%c: Alphabet(%c), ", ch, isalpha(ch)?'o':'x');
10      printf("Digit(%c), Hex(%c), ",
11        isdigit(ch)?'o':'x', isxdigit(ch)?'o':'x');
12      printf("Upper(%c), ", isupper(ch)?'o':'x');
13
14      if(isupper(ch))
15        printf("%c\n", tolower(ch));
16      else
17        printf("\n");
18    }
19
20
21    return 0;
22  }
```

**실행 결과**

```
 : Alphabet(x), Digit(x), Hex(x), Upper(x),
!: Alphabet(x), Digit(x), Hex(x), Upper(x),
": Alphabet(x), Digit(x), Hex(x), Upper(x),
#: Alphabet(x), Digit(x), Hex(x), Upper(x),
// 중간 생략
/: Alphabet(x), Digit(x), Hex(x), Upper(x),
```

```
0: Alphabet(x), Digit(o), Hex(o), Upper(x),
1: Alphabet(x), Digit(o), Hex(o), Upper(x),
2: Alphabet(x), Digit(o), Hex(o), Upper(x),
3: Alphabet(x), Digit(o), Hex(o), Upper(x),
4: Alphabet(x), Digit(o), Hex(o), Upper(x),
5: Alphabet(x), Digit(o), Hex(o), Upper(x),
6: Alphabet(x), Digit(o), Hex(o), Upper(x),
7: Alphabet(x), Digit(o), Hex(o), Upper(x),
8: Alphabet(x), Digit(o), Hex(o), Upper(x),
9: Alphabet(x), Digit(o), Hex(o), Upper(x),
// 중간 생략
A: Alphabet(o), Digit(x), Hex(o), Upper(o), a
B: Alphabet(o), Digit(x), Hex(o), Upper(o), b
C: Alphabet(o), Digit(x), Hex(o), Upper(o), c
D: Alphabet(o), Digit(x), Hex(o), Upper(o), d
E: Alphabet(o), Digit(x), Hex(o), Upper(o), e
// 중간 생략
[: Alphabet(x), Digit(x), Hex(x), Upper(x),
\: Alphabet(x), Digit(x), Hex(x), Upper(x),
]: Alphabet(x), Digit(x), Hex(x), Upper(x),
^: Alphabet(x), Digit(x), Hex(x), Upper(x),
// 중간 생략

s: Alphabet(o), Digit(x), Hex(x), Upper(x),
t: Alphabet(o), Digit(x), Hex(x), Upper(x),
u: Alphabet(o), Digit(x), Hex(x), Upper(x),
v: Alphabet(o), Digit(x), Hex(x), Upper(x),
w: Alphabet(o), Digit(x), Hex(x), Upper(x),
x: Alphabet(o), Digit(x), Hex(x), Upper(x),
y: Alphabet(o), Digit(x), Hex(x), Upper(x),
z: Alphabet(o), Digit(x), Hex(x), Upper(x),
{: Alphabet(x), Digit(x), Hex(x), Upper(x),
|: Alphabet(x), Digit(x), Hex(x), Upper(x),
}: Alphabet(x), Digit(x), Hex(x), Upper(x),
~: Alphabet(x), Digit(x), Hex(x), Upper(x),
```

C Programming C 프로그래밍 입문과 활용

# 연습문제 11. 함수의 사용 2

1. 의사 난수 발생기에 대해 설명하라.

2. 다음 코드의 동작에 대해 설명하라.

```
for(i = 0 ; i <10 ; i++)
  printf("%d\n", rand()%20+5);
```

3. 다음 코드의 동작에 대해 설명하라.

```
for(i = 0 ; i <10 ; i++)
  printf("%d\n", rand()%20-10);
```

4. 다음 코드의 동작에 대해 설명하라.

```
for(i = 0 ; i <10 ; i++)
  printf("%lf\n", ((double)rand()/RAND_MAX-0.5)*10);
```

5. 다음 코드의 동작에 대해서 설명하라.

```
if(isdigit('2'))
  x = 10;
```

6. 다음 코드의 동작에 대해서 설명하라.

```
if(isdigit(12))
  x = 10;
```

7. 다음 코드의 동작에 대해서 설명하라.

```
if(isupper(66))
  x = 10;
```

8. 다음 코드의 동작에 대해서 설명하라.

```
if(isupper(ch)) ch = tolower(ch);
```

9. 윷이 평면이 위로 나올 확률이 65%이고, 둥근 부분이 위로 나올 확률이 35%라고 가정하고 개가 나올 확률을 실험적으로 계산하는 프로그램을 작성하라.

Programming

# Chapter 12

# 사용자 정의 함수

Chapter 12

# 사용자 정의 함수

## 12.1 함수의 선언과 정의

아래와 같은 코드를 작성해서 실행하면 오류가 발생한다.

```
#include <stdio.h>
int main()
{
  printf("%lf\n", sqrt(2));

  return 0;
}
```

하지만 아래와 같이 double sqrt(double x);를 작성하고 실행하면 $\sqrt{2}$ 의 값이 출력된다. 표준 라이브러리 함수 sqrt는 라이브러리 내에 정의되어 있다(함수의 동작이 작성되어 있음). 하지만 아래와 같이 함수의 원형(prototype, 형식)을 선언하지 않으면 실행되지 않는다. 따라서 모든 함수는 사용함에 있어서 정의와 선언을 해야 한다. 표준 라이브러리 함수들은 그 종류에 따라서 헤더 파일에 선언을 미리 작성해 두었다. 따라서 표준 라이브러리 함수들은 각각을 따로 선언하지 않고 헤더 파일(sqrt 함수의 경우에는 <math.h>)을 포함하여 사용한다.

```
#include <stdio.h>
double sqrt(double x);
int main()
{
  printf("%lf\n", sqrt(2));

  return 0;
}
```

## 12.2 사용자 정의 함수의 정의

사용자 정의 함수의 정의는 아래와 같은 형식을 사용한다. returnType은 함수의 반환형으로 함수가 종료될 때, 호출된 위치로 반환되는 값을 의미한다. functionName은 함수의 이름으로 식별어로 작성한다. parameterList는 함수로 전달된 값(인수, argument)을 받을 변수로서 매개변수(parameter)라고 하며, 여러 개가 사용될 수 있다. 블록에는 함수의 동작을 작성한다. returnType이 void가 아닌 함수는 반환값을 가지므로 함수 블록에서 return returnValue가 있어야 하며, returnValue는 함수의 결과가 된다.

```
returnType functionNam(parameterList)
{
  ...
  statement;
  [return returnValue;]
}
```

위의 함수의 형식에서 각각의 매개변수는 항상 각각의 자료형이 지정되어야 한다. 예를 들어 아래와 같이 y의 자료형을 생략할 수 없다.

```
void Fn(int x, y)       // void Fn(int x, int y)로 선언해야 함
```

**매개변수는 각각의 자료형을 모두 지정해야 한다.**

만일 실수를 한 개 받아서 그 실수의 절대값을 반환하는 Abs라는 이름의 사용자 정의 함수를 작성한다면, 아래와 같이 함수의 원형을 작성할 수 있다.

```
double Abs(double x)
```

Abs 함수는 x의 절대값을 반환하는 함수이므로 아래와 같이 정의할 수 있다. 즉, x가 음수이면 -x를, 아니면 x를 반환한다.

```
double Abs(double x) {
  return (x<0 ? -x : x);
}
```

이와 같은 함수의 사용은 프로그램 12-1과 같다. 11행에서 Abs(i)로 호출되어 Abs 함수가 처리된다. Abs 함수의 return에 의해 Abs(i)가 의미하는 값은 반환값이 된다.

**프로그램 12-1** 정수 절대값을 반환하는 사용자 정의 함수 (12_01.c)

```
1   #include <stdio.h>
2
3   double Abs(double x) {
```

```
  return (x<0 ? -x : x);
}

int main()
{
  double i;
  for(i = -5 ; i <= 5 ; i++)
    printf("%3.0lf", Abs(i));

  return 0;
}
```

**실행 결과**

```
  5  4  3  2  1  0  1  2  3  4  5
```

프로그램 12-1을 프로그램 12-2와 같이 Abs 함수를 호출한 위치(8행)보다 다중에 정의하는 경우에는 3행과 같이 원형을 먼저 선언해야 한다. 즉, 아래의 코드에서 3행을 제거하고 실행하면 오류가 발생한다.

**프로그램 12-2** 함수의 원형 선언 (12_02.c)

```
 1  #include <stdio.h>
 2
 3  double Abs(double x);
 4  int main()
 5  {
 6    double i;
 7    for(i = -5 ; i <= 5 ; i++)
 8      printf("%3.0lf", Abs(i));
 9
10    return 0;
11  }
12
13  double Abs(double x) {
14    return (x<0 ? -x : x);
```

```
15   }
```

**실행 결과**

```
5 4 3 2 1 0 1 2 3 4 5
```

**함수가 호출보다 나중에 정의된 경우에는 호출 이전에 원형을 선언해야 한다.**

## 12.3 다양한 형태의 사용자 정의 함수

아래와 같은 main 함수가 설명과 같이 동작할 수 있도록 4개의 사용자 정의 함수를 정의해 보자.

```
int main() {
  int x, y;

  Start();          // 화면에 "Start" 출력
  x = Input();      // 키보드로 입력된 값을 x에 대입
  y = Square(x);    // x*x가 y에 대입
  Print(y);         // y를 화면에 출력

  return 0;
}
```

매개변수의 개수만큼의 인수로 함수를 호출하고, 반환값이 있는 함수는 다른 수식 내에서 호출이 가능하다. 즉, 위의 코드에서 Start와 Input 함수는 인수 없이 호출되었으므로 매개변수를 가지지 않는다. 또한 Input와 Square 함수는 다른 연산자(=)의 피연산자로 사용되었으므로 반드시 반환값을 가진다.

따라서 4개의 사용자 정의 함수의 원형은 아래와 같다.

```
void Start();
int Input();
int Square(int x);
void Print(int y);
```

먼저, Start 함수는 단순히 화면에 "Start"를 출력하므로 printf 함수를 이용하여 아래와 같이 정의할 수 있다.

```
void Start() {
  printf("Start\n");
}
```

위의 main 함수에서 Input 함수의 결과가 x에 대입되므로 Input 함수에서 scanf 함수를 이용하여 정수를 입력받아서 결과를 반환해야 한다. 또한 scanf 함수에서 정수를 입력받기 위해서는 변수가 필요하므로 정수형 변수를 선언하고 키보드로 입력받는다. 따라서 Input 함수의 정의는 아래와 같다

```
int Input() {
  int x;
  scanf("%d", &x);

  return x;
}
```

Square 함수는 인수로 전달된 값의 제곱을 반환하므로, 매개변수를 제곱해서 아래와 같이 반환한다.

```
int Square(int x) {
  return x*x;
}
```

마지막으로, Print 함수는 인수로 전달된 값을 출력하므로, 매개변수를 printf 함수를 이용하여 아래와 같이 출력한다.

```
void Print(int y) {
  printf("%d\n", y);
}
```

위와 같은 방법으로 작성한 코드는 프로그램 12-3과 같다.

프로그램 12-3 사용자 정의 함수 (12_03.c)

```
#include <stdio.h>

void Start() {
  printf("Start\n");
}

int Input() {
  int x;
  scanf("%d", &x);

  return x;
}

int Square(int x) {
  return x*x;
}

void Print(int y) {
```

```
    printf("%d\n", y);
  }

  int main() {
    int x, y;

    Start();           // 화면에 "Start" 출력
    x = Input();       // 키보드로 입력된 값을 x에 대입
    y = Square(x);  // x*x가 y에 대입
    Print(y);          // y를 화면에 출력

    return 0;
  }
```

**실행 결과**

```
Start
5
25
```

## 12.4 조합을 계산하는 함수

조합(combination)을 계산하여 반환하는 함수를 작성하자. 조합은 서로 다른 $n$개에서 $r$개를 선택하는 것으로, ${}_nC_r$로 표시하며 계산은 아래와 같다.

$$ {}_nC_r = \frac{n(n-1)(n-2)(n-3)\cdot(n-r+1)}{r(r-1)(r-2)\cdots 2\cdot 1} = \frac{n!}{r!(n-r)!} $$

위의 조합은 $n$과 $r$에 의해서 결정되므로, 조합을 계산하는 Combin 함수는 이 두 개를 매개변수를 받아야 한다. 또한 계산된 조합의 총수를 결과로 보내야 하므로 결과를 반환값으로 사용하면, 이 함수의 원형은 아래와 같다.

```
int Combin(int n, int r);
```

조합의 계산은 여러 가지로 처리될 수 있으나, 여기서는 위의 조합의 수식에서 !(factorial)로 표현되지 않은 방법으로 처리하자. 그러면, 분자와 분모는 누적된 곱의 표현으로 계산되어야 하므로 두 개의 반복문을 이용하여 프로그램 12-4와 같이 작성할 수 있다. 8~10행은 분모를 계산하는 과정이고, 12~14행은 분자를 계산하는 과정이다. 여기서 모두 누적된 곱을 계산하기 때문에, 반복하기 전에 n1과 n2를 1로 초기화했다.

프로그램 12-4 조합 계산 함수 (12_04.c)

```
1   #include <stdio.h>
2
3   int Combin(int n, int r) {
4     int n1;  // 분모
5     int n2;  // 분자
6     int i;
7
8     n1 = 1;
9     for(i = r ; i >= 1 ; i--)
10      n1 *= i;
11
12    n2 = 1;
13    for(i = n ; i >= n-r+1 ; i--)
14      n2 *= i;
15
16    return n2/n1;
17  }
18
19  int main() {
20    int n, r;
21
22    scanf("%d %d", &n, &r);
23    printf("%dC%d = %d\n", n, r, Combin(n, r));
24
```

```
    return 0;
}
```

**실행 결과 1**

```
10 3
10C3 = 120
```

**실행 결과 2**

```
7 2
7C2 = 21
```

## 12.5 소수 판별 함수

소수를 판별하는 함수를 작성하자. 어떤 정수가 소수인지를 판별하는 것이므로, 어떤 정수(n)를 매개변수로 받아서 소수이면 참(0이 아님)을 반환하고 소수가 아니면 거짓(0)을 반환하는 함수로 작성할 수 있다. 따라서 이 함수의 원형은 아래와 같다.

```
int IsPrime(int n);
```

n이 소수인지를 판별하는 방법은, 9장에서 사용한 방법으로 2부터 n-1의 값에 n의 약수가 있다면 소수가 아니라고 판정하자.

함수에서 2부터 n-1까지의 반복을 하면서, n의 약수라면 소수가 아니므로 더 이상의 반복은 필요가 없다. 따라서 약수라는 판별이 있으면 소수가 아님을 반환(retnrn 0)을 한다. 또한 2부터 n-1까지의 반복에서 반환이 없었다면 약수가 없다는 것이므로 다른 판별 없이 바로 소수임을 반환(return 1)을 할 수 있다. 이와 같은 방법으로 소수를 판별하는 함수는 프로그램 12-5와 같이 작성할 수 있다. 여기서 main 함수에서는 2부터 100까지의 소수를 모두 계산하여 출력한 것이다.

프로그램 12-5 소수 판별 함수 (12_05.c)

```c
#include <stdio.h>

int IsPrime(int n) {
  int i;

  for(i = 2 ; i < n ; i++) {
    if(n%i == 0) return 0;
  }

  return 1;

}

int main() {
  int i;

  for(i = 2 ; i <= 100 ; i++)
    if(IsPrime(i)) printf("%d\t", i);

  return 0;
}
```

**실행 결과**

```
2    3    5    7    11    13    17    19    23    29
31   37   41   43   47    53    59    61    67    71
73   79   83   89   97
```

## 12.6 프로그램의 강제적 종료

프로그램이 동작 중에 예외 상황이 발생하여 더 이상의 동작이 의미 없는 경우가 있다. 예를 들어 나눗셈을 계산하는 프로그램에서 제수(divisor)가 0인 경우에는 나눗셈을 수행할 수 없다.

main 함수가 종료되는 것은 프로그램이 종료되는 것을 의미한다. 따라서 main 함수에서 return이 삽입되면 main 함수가 종료되어 프로그램이 종료된다. 아래의 코드에서 if에서 n1(제수)이 0이면 return을 수행한다. 즉, n1이 0이면 main 함수가 종료되므로 프로그램이 종료된다.

```
int main() {
  int n1; // 제수
  int n2; // 피제수

  scanf("%d %d", &n2, &n1);
  if(n1 == 0) return 0;
  printf("%lf\n", (double)n2/n1);

  return 0;
}
```

main 함수외의 다른 함수에서는 반환(return)은 그 함수의 종료를 의미하지 프로그램의 종료를 의미하지 않는다. 사용자 정의 함수의 처리 중에 예외 상황이 발생하여 프로그램을 강제로 종료해야 하는 경우에는 아래 두 개의 표준 라이브러리 함수를 사용할 수 있다.

```
void exit(int status);
void abort(void);
```

위의 두 함수는 모두 <stdlib.h>에 선언되어 있으며, exit 함수는 정상적인 프로그램 종료를 수행하고, abort 함수는 비정상적인 프로그램 종료를 알린다. exit 함수의 매개변수는 정상적인 종료 상태를 알리는 값으로 main 함수에서 반환하는 값과 같은 기능을 수행한다.

C Programming C 프로그래밍 입문과 활용

# 연습문제 12.

사용자 정의 함수

1. 사용자 정의 함수의 정의 형식에 대해 설명하라.

2. 함수의 원형의 선언이 필요한 경우에 대해 설명하라.

3. 다음 함수 정의의 문제점에 대해 설명하라.

```
void Fn() {
  return 0;
}
```

4. 다음 함수 정의의 문제점에 대해 설명하라.

```
int Fn(int x) {
  int x = 10;
  return x;
}
```

5. 다음 함수 정의의 문제점에 대해 설명하라.

```
int Fn(x) {
  return x;
}
```

6. 다음 함수 정의의 문제점에 대해 설명하라.

```
int Fn(int x, y) {
  return x+y;
}
```

7. 다음 코드의 문제점에 대해 설명하라.

```
void Fn();
int main() {
  printf("%d\n", Fn());
  return 0;
}
```

8. 다음 프로그램의 문제점에 대해 설명하라.

```
#include <stdio.h>

int main() {
  int x = 10;
  printf("%d\n", Fn(x));

  return 0;
}

int Fn(int x) {
  return x*x;
}
```

9. 다음 프로그램의 동작에 대해 설명하라.

```
#include <stdio.h>
void Fn(int x) {
   x *= x;
}
```

```
int main() {
  int x;

  for(x = 0 ; x < 10 ; x++) {
    Fn(x);
    printf("%d\n", x);

  return 0;
}
```

10. 두 정수의 최대 공약수를 반환하는 함수를 작성하라.

11. 문자형 변수가 알파벳 소문자인지를 판별하는 함수를 작성하라.

12. n!을 계산하는 함수를 작성하라.

13. 양의 정수가 완전수인지를 판단하는 함수를 작성하라. 완전수란 약수의 합이 그 수의 두개가 되는 수이다. 즉, 자기 자신을 제외한 약수의 합이 자기 자신이 되는 수이다.

14. 라디안(radian)을 각도로 변환하는 함수를 작성ㅎ라.

15. 섭씨온도를 화씨로 계산하여 반환하는 함수를 작성하라. 아래의 수식에 의해 섭씨(c)로 화씨(f)를 계산할 수 있다.

$$f = \frac{9}{5}c + 32$$

Chapter 13

# 변수의 범위

Chapter 13

# 변수의 범위

## 13.1 지역 변수(local variable)와 전역 변수(global variable)

지역 변수는 함수 내부에서 선언되어 함수 안에서만 사용할 수 있는 변수이고, 전역 변수는 함수 외부에서 선언되어 프로그램 전체에서 사용할 수 있는 변수이다.

프로그램 13-1의 3행과 4행에서 정수형 변수 a와 x는 함수 밖에서 선언되었다. 따라서 전역 변수이므로 7행의 Fn1 함수에서 전역 변수 x가 사용되었으며, 20행과 32행 등에서 전역 변수 a가 사용되는 것을 볼 수 있다.

**전역 변수는 프로그램 전체에서 사용할 수 있다.**

11행의 Fn2 함수와 24행의 main 함수에서 각각 x라는 이름의 지역 변수가 선언되었다. 이와 같이 전역 변수와 동일한 이름의 지역 변수가 선언될 수 있으며, 이 두 함수에서는 x의 이름을 사용하면 지역 변수 x가 된다. 또한 Fn2와 main 함수의 x변수는 이름이 같지만 서로 관계없는 다른 변수이다.

**전역 변수와 동일한 이름의 지역 변수를 선언할 수 있다.**
**지역 변수는 영역(함수)이 다르면 동일한 이름을 사용할 수 있지만,**
**서로 관련이 없는 변수이다.**

15행에서 선언된 Fn3 함수의 매개변수는 지역 변수의 특성을 가진다. 따라서 main 함수에서 선언된 x와는 다른 변수이다. 34행에서 Fn3 함수가 호출되어 16행에서 x가 1증가 되었다. 여기서 증가된 x는 Fn3 함수의 매개변수 x이고 main의 x가 아니다. 따라서 19행에서 Fn3 함수의 x는 12가 출력되고, 36행에서 main의 x는 11이 출력된다.

**매개변수는 지역 변수의 특성을 가진다.**

**프로그램 13-1** 지역 변수와 전역 변수 (13_01.c)

```
1   #include <stdio.h>
2
3   int a = 20;      // 전역 변수
4   int x = 100;     // 전역 변수
5
6   void Fn1() {
7     printf("x(global) = %d\n", x);
8   }
9
10  void Fn2() {
11    int x = 30;    // 지역 변수
12    printf("x = %d\n", x);
13  }
14
15  void Fn3(int x) {
16    x++;      // 매개 변수 x
```

```
    a++;      // 전역 변수 a

    printf("x = %d\n", x);
    printf("a = %d\n", a);
  }

  int main() {
    int x = 10; // 지역 변수

    Fn1();
    Fn2();

    x++;           // 지역 변수 x
    a++;           // 전역 변수 a
    printf("x = %d\n", x);
    printf("a = %d\n", a);

    Fn3(x);

    printf("x = %d\n", x);
    printf("a = %d\n", a);

    return 0;
  }
```

**실행 결과**

```
x(global) = 100
x = 30
x = 11
a = 21
x = 12
a = 22
x = 11
a = 22
```

지역 변수와 전역 변수의 또 다른 차이는 프로그램 13-2의 동작과 같이 초기화에 있다. 지역 변수 x는 초기화하지 않으면 초기화되지 않으나, 전역 변수 a는 자동으로 0으로 초기화된다.

**지역 변수는 초기화하지 않으면 쓰레기 값이 남아 있으나,**
**전역 변수는 초기화하지 않으면 0으로 초기화 된다.**

**프로그램 13-2** 지역 변수와 전역 변수의 초기화 (13_02.c)

```c
#include <stdio.h>

int a;
int main() {
  int x;

  printf("x = %d\n", x);
  printf("a = %d\n", a);

  return 0;
}
```

**실행 결과**

```
x = -858993460
a = 0
```

## 13.2 정적 지역 변수(static local variable)

일반 지역 변수는 함수가 호출되면 생성되고 함수가 종료되면 소멸된다. 따라서 프로그램 13-3의 19행에서 Fn1 함수를 10번 호출하더라도 x의 값은 변화 없이 10이 출력된다. 하지만 23행에서 Fn2 함수의 호출 결과는 다르다. Fn1 함수와 Fn2 함수의 차이는 10행에서 int x를 선언하기 전에 static을 지정한 것이다. 이와 같이 지역 변수를 선언할 때, 아래와 같이 static을 붙인 것을 정적 지역 변수라고 한다.

```
static dataType varName;
```

정적 지역 변수는 일반 지역 변수와 달리 처음 함수가 호출될 때 변수를 생성하고 함수가 종료되더라도 변수를 소멸하지 않는다. 즉, 정적 지역 변수는 여러 번 호출되더라도 처음에 호출 때 생성된 변수를 사용하며, 프로그램이 종료될 때 변수가 소멸된다. 따라서 프로그램 13-2에서 23행의 결과는 x가 계속 증가되어 나타난다.

**정적 지역 변수는 처음 호출에서 생성되고,**
**다음 호출부터는 이전에 생성된 변수가 전역 변수처럼 계속 사용된다.**

**프로그램 13-3** 정적 지역 변수 (13_03.c)

```
#include <stdio.h>

void Fn1() {
  int x = 10;

  printf("x = %d\n", x++);
}

void Fn2() {
  static int x = 10;

  printf("x = %d\n", x++);
}

```

```
int main() {
  int i;

  for(i = 0 ; i < 10 ; i++)
    Fn1();

  printf("\nStatic local variable\n");
  for(i = 0 ; i < 10 ; i++)
    Fn2();

  return 0;
}
```

**실행 결과**

```
x = 10
x = 10
x = 10
x = 10
x = 10
x = 10
x = 10
x = 10
x = 10
x = 10

Static local variable
x = 10
x = 11
x = 12
x = 13
x = 14
x = 15
x = 16
x = 17
x = 18
x = 19
```

프로그램 13-4와 같이 정적 지역 변수도 전역 변수와 같이 초기화하지 않더라도 0으로 초기화된다. 결과적으로, 정적 지역 변수는 지역 변수로 선언되었지만, 전역 변수와 같은 특징으로 사용할 수 있다.

**전역 변수와 정적 변수는 초기화하지 않더라도 0으로 초기화된다.**

**프로그램 13-4** 정적 지역 변수의 초기화 (13_04.c)

```
#include <stdio.h>

void Fn1() {
  int x ;
  printf("x = %d\n", x++);
}

void Fn2() {
  static int x;
  printf("x = %d\n", x++);
}

int main() {
  Fn1();
  Fn2();

  return 0;
}
```

**실행 결과**

```
x = -858993460
x = 0
```

## 13.3 외부 파일의 전역 변수 사용

전역 변수는 프로그램 전체에서 사용할 수 있는 변수이다. 하지만 그림 13-1과 같이 1.c에 선언된 전역 변수를 2.c에서 사용하면 컴파일 과정에서 오류가 나타난다.

1.c

```
int a = 100;
```

2.c

```
#include <stdio.h>

int main() {
   printf("a = %d\n", a++);

   return 0;
}
```

그림 13-1 잘못된 외부 전역 변수의 사용

외부에서 정의된 전역 변수를 사용하기 위해서는 아래와 같이 extern을 변수 선언에 추가하여 외부의 전역 변수를 사용한다고 선언해야 한다.

```
extern dataType varName;
```

1.c

```
int a = 100;
```

2.c

```
#include <stdio.h>
extern int a;
int main() {
   printf("a = %d\n", a++);

   return 0;
}
```

그림 13-2 외부 전역 변수의 사용

따라서 그림 13-1의 올바른 사용은 그림 13-2와 같다.

## 13.4 정적 전역 변수와 정적 함수

static 지정은 전역 변수와 함수의 선언에도 사용될 수 있다. 만일 전역 변수나 함수에 static을 지정하면 그 변수와 함수는 그 파일에서만 사용할 수 있다. 따라서 다른 파일에서는 사용할 수 없는 전역 변수와 함수가 되며, 동일한 이름으로 다른 파일에서 정의될 수 있다.

C Programming C 프로그래밍 입문과 활용

# 연습문제 13. 변수의 범위

1. 지역 변수와 전역 변수의 특징을 비교 설명하라.

2. 정적 지역 변수의 특징을 지역 변수와 전역 변수와 비교하여 설명하라.

3. 정적 전역 변수의 특징을 설명하라.

4. 다음 프로그램의 문제점에 대해 설명하라.

```
int main() {
  int x = 10;
  int x = 20;

  return 0;
}
```

5. 다음 프로그램의 문제점에 대해 설명하라.

```
int main() {
  int x = 10;
  double x = 10;

  return 0;
}
```

6. 다음 프로그램의 동작을 설명하라.

```
#include <stdio.h>

int Fn() {
  static int x;

  x *= 2;
  return x;
}

int main() {
  int i;

  for(i = 0 ; i < 10 ; i++)
    printf("%d\n", Fn());

  return 0;
}
```

7. 함수가 호출된 횟수를 함수 자체 내에서 셀 수 있는 함수를 각각 정적 지역 변수와 전역 변수를 이용하여 두 개 작성하라.

Programming

# Chapter 14

# 재귀 함수

Chapter 14

# 재귀 함수

## 14.1 재귀 함수(recursive function)

재귀 함수는 아래와 같이 직접적이나 간접적으로 그 자신을 호출하는 함수를 말한다.

```
void Fn() {
  ...
  Fn();
  ...
}
```

위와 같은 재귀 함수를 호출하게 되면 Fn에서 Fn을 호출하기 때문에 계속 Fn을 호출하게 된다. 따라서 재귀 함수는 반드시 종료될 수 있는 기능을 가지고 있어야 한다.

**재귀 함수는 반드시 종료 조건을 가지고 있어야 한다.**

프로그램 14-1에는 간단한 재귀 호출을 작성한 함수 Fn이 있다. Fn 함수는 4행에서 일의 자리를 출력하고 7행에서 10으로 나눈 값으로 다시 Fn을 호출한다. 즉, 각자리가 오른쪽으로 이동하고 Fn 함수를 호출한다. 따라서 11행과 같이 12345를 인수로 Fn 함수를 호출하면 5가 출력되고 1234로 인수로 다시 Fn 함수를 호출한다. 여기서 6행과 같이 0이 되면 더 이상 재귀 호출을 하지 않으므로 함수는 종료된다.

**프로그램 14-1** 재귀 호출 1 (14_01.c)

```
1   #include <stdio.h>
2
3   void Fn(int n) {
4     printf("%d\n", n%10);
5
6     if(n == 0) return;
7     Fn(n/10);
8   }
9
10  int main() {
11    Fn(12345);
12
13    return 0;
14  }
```

**실행 결과**

```
5
4
3
2
1
0
```

프로그램 14-2는 프로그램 14-1의 Fn 함수의 동작을 약간 수정한 것이다. 프로그램 14-1과 달리 먼저 재귀 호출을 수행하고 일의 자리를 출력한다. 따라서 실행 결과는 프로그램 14-1과 달리 앞의 자리부터 출력되는 것을 볼 수 있다.

**프로그램 14-2** 재귀 호출 2 (14_02.c)

```
#include <stdio.h>

void Fn(int n) {
  if(n == 0) return;
  Fn(n/10);

  printf("%d\n", n%10);
}

int main() {
  Fn(12345);

  return 0;
}
```

**실행 결과**

```
1
2
3
4
5
```

## 14.2 재귀 함수의 동작

양의 정수 n에 대한 아래와 같은 n!(n 계승, factorial)을 계산하는 함수를 작성하자.

$$n! = n(n-1)(n-2)\cdots 2 \cdot 1$$

이 함수는 n을 받아서 n!의 결과를 반환해야 한다. 따라서 아래와 같이 정수형 매개변수를 가지고, 정수형 반환값을 가지며, 누적한 곱을 계산하여 반환하는 함수로 작성할 수 있다.

```
int Fact(int n) {
  int i, r;

  r = 1;
  for(i = n ; i >= 1 ; i--)
    r *= i;

  return r;
}
```

위의 n!의 계산을 아래와 같이 해석하면 Fact 함수는 재귀 함수로의 구현이 가능하다.

$$0! = 1$$
$$n! = n \cdot (n-1)!$$

위의 식에서 n!을 Fact(n)로 생각하면 n!은 n*Fact(n-1)를 반환하는 함수로 생각할 수 있다. 따라서 Fact(n) 함수는 n이 1보다 작으면 1을 반환하고, 그렇지 않으면 n*Fact(n-1)를 반환하는 동작으로 프로그램 14-3과 같이 작성할 수 있다.

**프로그램 14-3** 계승의 재귀 함수 (14_03.c)

```
#include <stdio.h>

int Fact(int n) {
  if(n < 1) return 1;

  return n*Fact(n-1);
}

int main() {
  printf("%d\n", Fact(3));
```

```
    printf("%d\n", Fact(4));

    return 0;
}
```

**실행 결과**

```
6
24
```

프로그램 14-3에서 Fact(3) 호출되어 6이 반환되는 과정을 그림으로 표시하면 14-1과 같다. 즉, Fact(3) → Fact(2) → Fact(1) → Fact(0)를 호출하고 다시 Fact(0) → Fact(1) → Fact(2) →Fact(3)로 복귀한다. 이와 같이 재귀 함수는 누적되어 호출되기 때문에 너무 많은 호출이 이어지면 저장 공간에 문제가 발생할 수 있다. 특히 함수에서 재귀 호출이 하나가 아니라 여러 개인 경우에 주의해야 한다.

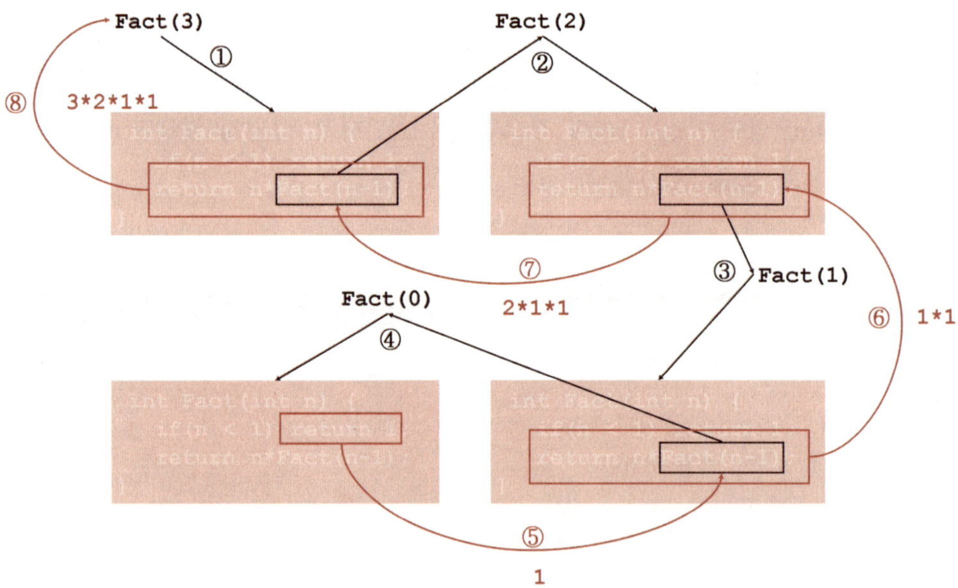


그림 14-2 재귀 함수의 동작

## 14.3 피보나치 수열

피보나치 수열은 첫 번째와 두 번째 항이 1이고, 다음 항들은 이전 두개의 항들의 합이므로 아래의 식으로 표현할 수 있다.

$$a_n = a_{n-1} + a_{n-2}$$
$$a_1 = a_2 = 1$$

n번째 항의 피보나치 수를 구하는 함수는 매개변수를 n으로 하고 피보나치 수를 반환하는 아래의 원형으로 작성할 수 있다.

```
int Fib(int n);
```

위의 수식에서 n번째 항의 값은 n-1번째 항과 n-2번째 항의 합이므로 이 함수는 아래와 같이 두 합을 반환한다.

```
return Fib(n-1)+Fib(n-2);
```

여기서, n이 1과 2인 경우에는 반복 호출하지 않고 값이 지정되어 있으므로 if 조건을 추가하여 프로그램 14-4와 같이 작성할 수 있다.

**프로그램 14-4** 피보나치 수열 (14_04.c)

```
#include <stdio.h>

int Fib(int n) {
  if(n <= 2) return 1;
```

```

  return Fib(n-1)+Fib(n-2);
}

int main() {
  int i;

  for(i = 1 ; i <= 10 ; i++)
    printf("%d\n", Fib(i));


  return 0;
}
```

**실행 결과**

```
1
1
2
3
5
8
13
21
34
55
```

피보나치 수열은 프로그램 14-4와 같이 재귀 호출을 사용하면 매우 쉽게 작성할 수 있다. 만일 재귀 호출을 사용하지 않으면 어떻게 작성해야 할까? 프로그램 14-4와 같이 n이 2보다 작은 경우는 동일하다. 다음부터는 이전의 두 개의 항을 반복적으로 계산해야 한다. 따라서 아래와 같이 반복문에서 n-1 항까지 계산하고 나중에 n-1 항과 n-2항의 합을 반환한다. 반복을 하면서 항은 증가되므로, n-1항은 새롭게 n-1항과 n-2항의 합이고, n-2항은 n-1항으로 갱신되어야 한다.

```
for(i = 3 ; i < n ; i++) // n-1 항까지 계산
```

```
    {
      // n-1항은 n-1항 + n-2항
      // n-2항은 n-1항
    }

    // n-1항 + n-2항을 반환
```

위의 반복문의 동작을 아래와 같이 처리하면, n_1이 수정된 후에 n_2에 대입되므로 n_1과 n_2는 같은 값이 된다.

```
// n_1 (n-1 항), n_2 (n-2항)
n_1 = n_1 + n_2;
n_2 = n_1;
```

위의 코드를 아래와 같이, n_1을 갱신하기 전에 다른 변수에 저장을 하고, n_2에 이 저장된 변수를 대입하면 문제점을 해결할 수 있다.

```
temp = n_1;
n_1 = n_1 + n_2;
n_2 = temp;
```

위의 방법으로 작성된 코드는 프로그램 14-5와 같다. n_1과 n_2는 3번째 항을 계산하기 전에 모두 1이므로 7행과 같이 1로 초기화한다.

**프로그램 14-5** 피보나치 수열(재귀 호출 사용하지 않음) (14_05.c)

```
1   #include <stdio.h>
2
3   int Fib(int n) {
4     int i, n_1, n_2, temp;
```

```
  if(n <= 2) return 1;

  n_1 = n_2 = 1;
  for(i = 3 ; i < n ; i++)
  {
    temp = n_1;
    n_1 = n_1+n_2;
    n_2 = temp;
  }

  return n_1+n_2;
}

int main() {
  int i;

  for(i = 1 ; i <= 10 ; i++)
    printf("%d\n", Fib(i));


  return 0;
}
```

**실행 결과**

```
1
1
2
3
5
8
13
21
34
55
```

C Programming C 프로그래밍 입문과 활용

# 연습문제 14

재귀 함수

1. 재귀 함수란 무엇인가?

2. 다음 함수의 문제점에 대해 설명하라.

```
void Fn(int x) {
  return Fn(x-1);
}
```

3. 다음 함수의 동작을 설명하라.

```
int Fn(int n) {
  if(n < 1) return 0;

  return n+Fn(n-1);
}
```

4. 정수 구간 [n1, n2]의 합을 반환하는 재귀 함수를 작성하라.

5. 두 양수의 최대 공약수를 반환하는 함수를 재귀 함수로 작성하라. 최대 공약수는 유클리드 호제법으로 구한다. 유클리드 호제법은 n1과 n2의 최대 공약수는 n2와 n1%2의 최대 공약수이고, n2가 0이면 n1이 최대 공약수가 된다.

# Chapter 15

# 배열

Chapter 15

# 배열

## 15.1 배열(array)

동일한 자료형의 변수들이 동일한 특징으로 사용될 때, 앞에서 배워온 변수만을 이용하면 비효율적인 측면이 많다. 예를 들어 100명의 학생들의 점수를 저장하고 처리할 때, 일반 변수만 사용한다면 아래와 같이 100개의 변수를 선언해야 한다.

```
int x1, x2, x3, x4, ... // x1부터 x100까지 선언해야 함
```

또한, 위의 변수에 저장된 값을 총합을 계산하기 위해서도 아래와 같이 긴 수식이 필요하다.

```
sum = x1 + x2 + x3 + ... // x1부터 x100까지 모두 더해야 함
```

위와 같은 비효율적인 측면을 해소하기 위한 방법이 배열이다. 즉, 배열은 같은 자료형의 변수들을 한 번에 선언하고, 인덱스를 이용하여 반복문으로 쉽게 처리할 수 있다. 위의 과정을 배열을 이용하면 아래와 같이 작성할 수 있다. 아래의 코드에서 int x[100]의

선언에 의해 100개의 int 형 변수가 생성되고 x[i]에 의해 i번째 변수(0부터 99까지)를 처리할 수 있다.

```
int x[100];
...
sum = 0;
for(i = 0 ; i < 100 ; i++)
  sum += x[i];
```

## 15.2 배열의 선언

배열의 선언은 아래와 같으며, dataType 자료형의 arraryName의 배열이 생성되며, 이 선언에서 만들어지는 변수의 개수는 arraySize개이다. 여기서, 배열의 낱개의 변수를 배열의 요소(element)라고 한다. 아래의 선언에서 arraySize는 반드시 정수형 상수여야 한다.

**배열의 선언에서 크기는 상수로 지정한다.**

```
dataType arrayName[arraySize];
```

위와 같이 선언된 배열의 각 요소들은 아래와 같이 첨자 연산자(subscript operator, [])를 가지고 변수와 같이 사용할 수 있다. 이때, index는 정수값으로 [0, arraySize-1]의 값을 가지는 수식이 사용된다.

**배열의 인덱스는 상수뿐만 아니라 변수와 수식도 될 수 있다.**

```
arrayName[index]
```

아래의 수식에서 x의 이름으로 크기가 100인 정수형 배열이 선언된 것이고, 반복문의 x[i]에 의해서 x[0] 요소부터 x[99] 요소까지를 sum에 더하게 된다.

```
int x[100];
...
sum = 0;
for(i = 0 ; i < 100 ; i++)
  sum += x[i];
```

## 15.3 Sine을 저장하는 배열

$\sin(x)$를 저장하는 배열을 작성하자. 여기서 $x$는 각도(degree)이고 [0, 359]의 요소를 가지는 배열을 작성하자. sine은 실수로 저장되어야 하므로 아래와 같이 실수형으로 크기가 360인 배열을 선언할 수 있다.

```
double sine[360];
```

sine[x]에는 $\sin(x)$가 저장되어야 하므로 반복문을 통하여 sine을 계산하여 저장하면 프로그램 15-1과 같이 작성할 수 있다. 14행에서 각도(deg)를 입력받아서 그 각도에 해당하는 sine값을 배열에서 읽어 15행과 같이 출력하는 동작이 포함되어 있다.

프로그램 15-1에서 배열의 최대 크기를 5행과 같이 정의된 상수를 사용하였다. 이와 같이 정의된 상수를 사용하면 9행과 11행을 수정하지 않고 5행만을 수정하여 배열의 크기를 바꿀 수 있다.

**프로그램 15-1** sine을 저장하는 배열 (15_01.c)

```c
#include <stdio.h>
#include <math.h>

#define PI  3.141592
#define MAX 360

int main() {
  int i, deg;
  double sine[MAX];

  for(i = 0 ; i < MAX ; i++)
    sine[i] = sin(i*PI/180);

  scanf("%d", &deg);
  printf("sin(%d deg) = %lf\n", deg, sine[deg]);


  return 0;
}
```

**실행 결과**

```
90
sin(90 deg) = 1.000000
```

## 15.4 확률 실험 프로그램 3

11장에서 윷놀이의 도가 나올 확률을 시험적으로 계산했다. 여기서는 도, 개, 걸, 윷, 모가 나올 확률을 모두 계산하여 출력하는 프로그램을 작성하자. 먼저 평면이 나오는 개수에 따라서 결과는 모(0), 도(1), 개(2), 걸(3), 윷(4) 순이다. 따라서 각 확률과 나온 횟수를 저장할 배열을 크기가 5인 배열로 아래와 같이 선언할 수 있다.

```
int cnt[5];
doble prob[5];
```

cnt를 초기화하는 부분과 cnt와 prob를 계산하는 부분과 출력하는 부분을 수정하면 프로그램 15-2와 같이 작성할 수 있다.

**프로그램 15-2** 모, 도, 개, 걸, 윷이 나올 확률 (15_02.c)

```
#include <stdio.h>
#include <stdlib.h>
#include <time.h>

int main()
{
  int i, k, result;
  int print;
  int cnt[5];
  double prob[5];

  srand((unsigned)time(0));

  for(k = 0 ; k < 5 ; k++)
    cnt[k] = 0;

  print = 1;
  for(i = 1 ; i <= 100000000 ; i++)
  {
    result = 0;
    for(k = 0 ; k < 4 ; k++)
      if(rand()%10 < 6) result++;

    cnt[result]++;

    if(i == print)
    {
```

```
      for(k = 0 ; k < 5 ; k++)
      {
        prob[k] = (double)cnt[k]/i;
        printf("%lf%%(test: %d)\n", prob[k]*100, i);
      }
      printf("\n");
      print *= 10;
    }
  }

  return 0;
}
```

**실행 결과**

```
100.000000%(test: 1)
0.000000%(test: 1)
0.000000%(test: 1)
0.000000%(test: 1)
0.000000%(test: 1)

10.000000%(test: 10)
10.000000%(test: 10)
30.000000%(test: 10)
40.000000%(test: 10)
10.000000%(test: 10)

2.000000%(test: 100)
18.000000%(test: 100)
31.000000%(test: 100)
36.000000%(test: 100)
13.000000%(test: 100)

3.600000%(test: 1000)
16.300000%(test: 1000)
33.700000%(test: 1000)
33.800000%(test: 1000)
12.600000%(test: 1000)
```

```
2.550000%(test: 10000)
15.190000%(test: 10000)
34.450000%(test: 10000)
34.870000%(test: 10000)
12.940000%(test: 10000)

2.476000%(test: 100000)
15.306000%(test: 100000)
34.754000%(test: 100000)
34.382000%(test: 100000)
13.082000%(test: 100000)

2.537700%(test: 1000000)
15.400000%(test: 1000000)
34.531400%(test: 1000000)
34.543600%(test: 1000000)
12.987300%(test: 1000000)

2.562120%(test: 10000000)
15.352100%(test: 10000000)
34.551730%(test: 10000000)
34.556770%(test: 10000000)
12.977280%(test: 10000000)

2.560978%(test: 100000000)
15.351363%(test: 100000000)
34.552694%(test: 100000000)
34.567114%(test: 100000000)
12.967851%(test: 100000000)
```

## 15.5 배열의 초기화

변수를 선언과 동시에 초기화하듯이 배열도 선언과 동시에 요소들을 초기화할 수 있다.

이때, 초기화될 요소가 여러 개이므로 블록({})으로 묶어서 아래와 같이 초기화한다. 이때 초기화하는 요소의 개수는 arraySize보다 작거나 같아야 한다.

```
dataType arrayName[arraySize] = {value1, value2, value3, ...};
```

만일 초기화되는 요소의 개수가 arraySize보다 작은 경우에는, 앞에서부터 순서대로 초기화되고 나머지는 0으로 초기화된다. 예를 들어, 아래의 경우에는 a[0] = 1, a[1] = 2로 초기화되고, a[2]~a[9]까지는 0으로 초기화된다.

```
int a[10] = {1, 2};
```

따라서 아래와 같이 초기화하면 모든 요소가 0으로 초기화된다.

```
int a[10] = {0};
```

배열을 선언에서 초기화하는 경우에는 배열의 크기를 지정하지 않아도 자동으로 크기가 지정된다. 즉, 아래의 예에서 배열의 크기는 지정되지 않았지만, 초기화되는 요소가 3개이므로 이 배열의 크기는 3이다.

```
int a[] = {1, 2, 3};
```

## 15.6 배열과 함수

배열의 각 요소는 일반 변수이므로, 일반 변수를 매개변수로 가지는 함수에 요소를 함수의 인수로 전달한다.

프로그램 15-3의 13행에서 Fn 함수에 배열의 요소(a[i])를 인수로 전달했다. 따라서 Fn 함수의 매개변수는 int 형 변수이다.

**프로그램 15-3** 배열의 요소를 함수에 전달 (15_03.c)

```
1  #include <stdio.h>
2
3  void Fn(int x) {
4    printf("%d\n", x);
5  }
6
7  int main()
8  {
9    int a[5] = {1, 2, 3, 4, 5};
10   int i;
11
12   for(i = 0 ; i < 5 ; i++)
13     Fn(a[i]);
14
15   return 0;
16 }
```

**실행 결과**

```
1
2
3
4
5
```

함수로 배열 전체를 전달하는 것이 가능하며, 아래와 같이 배열 전체를 받는 함수의 매개변수는 크기가 없는 배열형으로 선언하고, 인수는 배열의 이름을 전달한다.

```
// 함수의 선언
void Fn(int x[]); // int 형 배열을 매개변수로 지정

// 함수의 호출
int a[3];
Fn(a);
```

프로그램 15-3에서는 배열의 요소를 함수로 전달하여 배열의 요소들을 출력하였으나, 프로그램 15-4는 배열 전체를 함수로 전달하여 배열을 출력하였다. 따라서 3행과 같이 매개변수는 크기가 지정되지 않은 배열형이고, 14행과 같이 인수로 배열의 이름을 전달했다.

**프로그램 15-4** 배열 전체를 함수에 전달 (15_04.c)

```
1   #include <stdio.h>
2
3   void Fn(int x[]) {
4     int i;
5
6     for(i = 0 ; i < 5 ; i++)
7       printf("%d\n", x[i]);
8   }
9
10  int main()
11  {
12    int a[5] = {1, 2, 3, 4, 5};
13
14    Fn(a);
15
16    return 0;
17  }
```

**실행 결과**

```
1
2
3
```

```
4
5
```

프로그램 15-4의 Fn 함수는 매개변수를 배열만 받았으므로, 함수 안에서 배열의 크기를 5로 지정하여 출력하였다. 하지만 아래와 같이 배열의 크기를 매개변수로 지정하면 크기가 다른 배열도 이 함수를 이용하여 출력할 수 있다.

```
void Fn(int x[], int size) {
  int i;

  for(i = 0 ; i < size ; i++)
    printf("%d\n", x[i]);
}
```

주소 연산자(address operator, &)는 피연산자의 주소를 반환하는 연산자이다. 한 개의 피연산자를 필요로 하는 단항 연산자이므로 다음과 같이 사용할 수 있다.

```
&operand
```

프로그램 15-5는 배열 요소의 주소를 출력하는 프로그램이다. 8~10행의 출력은 a[0], a[1], a[2] 요소의 주소를 출력한 것으로, 실행 결과와 같이 모두 4의 차이를 가지고 있다(printf에서 %p는 주소를 16진수로 출력하는 형식 명세이다). 이는 int 형 자료가 모두 4바이트씩 할당되고 주소는 바이트 단위로 지정되기 때문이다. 7행에서는 배열의 이름을 주소 형식으로 출력했는데, a[0]의 주소와 동일한 것을 볼 수 있다. 이것은 배열의 이름이 첫 번째 요소의 주소를 상징하기 때문이다.

**배열의 이름은 첫 번째 요소의 주소를 상징한다.**

**프로그램 15-5** 배열의 주소 (15_05.c)

```
1   #include <stdio.h>
2
3   int main()
4   {
5     int a[5] = {1, 2, 3, 4, 5};
6
7     printf("%p\n", a);
8     printf("%p\n", &a[0]);
9     printf("%p\n", &a[1]);
10    printf("%p\n", &a[2]);
11
12    return 0;
13  }
```

**실행 결과**

```
0012FF6C
0012FF6C
0012FF70
0012FF74
```

프로그램 15-5의 7행의 결과는 8행과 동일한 것을 볼 수 있는데, 배열의 이름은 첫 번째 요소의 주소를 의미하기 때문이다. 따라서 앞의 배열 전체를 함수로 전달하는데 사용된 인수인 배열의 이름은 배열의 첫 번째 요소의 주소이고, 이 주소를 받는 크기가 지정되지 않은 배열형은 배열이 아니라 주소를 저장하는 변수이다. 주소를 저장하는 지료형은 18장에서 다룰 것이다.

아래의 함수에서 int x[]는 인수로 사용된 배열의 첫 번째 요소 주소를 저장하는 변수이므로, 이 함수에서 x[i]는 인수로 사용된 배열의 i번째 요소가 된다. 즉, 아래의 함수에서 x[i]가 제곱으로 수정되는 것은 인수로 사용되는 배열의 i번째 요소가 제곱으로 수정되는 것이다.

```
void Square(int x[], int size) {
  int i;

  for(i = 0 ; i < size ; i++)
    x[i] *= x[i];
}
```

프로그램 15-6은 위의 함수를 통하여 배열 요소의 제곱을 계산한 것으로 Square 함수에 의해 main 함수의 배열 a의 요소들이 제곱되는 것을 알 수 있다.

**프로그램 15-6** 배열 전체를 함수에 전달 2 (15_06.c)

```
#include <stdio.h>

void Print(int x[], int size) {
  int i;

  for(i = 0 ; i < size ; i++)
    printf("%d\n", x[i]);
}

void Square(int x[], int size) {
  int i;

  for(i = 0 ; i < size ; i++)
    x[i] *= x[i];
}

int main()
{
  int a[5] = {1, 2, 3, 4, 5};

  Square(a, 5);
  Print(a, 5);

```

```
    return 0;
}
```

**실행 결과**

```
1
4
9
16
25
```

C Programming C 프로그래밍 입문과 활용

# 연습문제 15. 배열

1. 배열의 선언과 요소의 사용 방법에 대해 설명하라.

2. 다음 배열 선언의 문제점에 대해 설명하라.

```
int[10] x1;
int x2[-10];
int x3[10.5];
```

3. 다음 배열 선언의 문제점에 대해 설명하라.

```
int size = 10;
int x[size];
```

4. 다음 배열 선언의 문제점에 대해 설명하라.

```
int x[3] = {1, 2, 3, 4};
```

5. 다음 배열 사용의 문제점에 대해 설명하라.

```
int x[3];
int i;

for(i = 0 ; i <= 3 ; i++)
  x[i] = i;
```

6. 다음 코드의 동작을 설명하라.

```
int x1[5] = {1, 2, 3};
int x2[] = {1, 2};

printf("%d\n", sizeof(x1));
printf("%d\n", sizeof(x2));
printf("%d\n", sizeof(x2)/sizeof(int));
```

7. 다음 프로그램의 동작을 설명하라.

```
#include <stdio.h>

void Fn1(int data) {
  data += data;
}

void Fn2(int ary[], int size) {
  int i;

  for(i = 0 ; i < size ; i++)
    ary[i] += ary[i];
}

int main() {
  int ary[5] = {1, 2, 3, 4, 5};
  int i;

  for(i = 0 ; i < size ; i++)
    Fn1(ary[i]);

  for(i = 0 ; i < size ; i++)
    printf("%d\n", ary[i]);

  Fn2(ary, 5);
  for(i = 0 ; i < size ; i++)
    printf("%d\n", ary[i]);
```

```
    return 0;
}
```

8. double 형 배열의 표준 편차를 계산해서 반환하는 함수를 작성하라.

9. double 형 배열의 최대값을 계산해서 반환하는 함수를 작성하라.

10. double 형 배열의 요소를 모두 제곱으로 바꾸는 함수를 작성하라.

11. double 형 배여의 요소를 [0, 1] 범위의 난수로 저장하는 함수를 작성하라.

C 프로그래밍 입문과 활용 Programming

Chapter 16

# 정렬과 검색

Chapter 16

# 정렬과 검색

## 16.1 정렬(sorting)

정렬이란 자료들을 일정한 형식으로 나열한 것으로, 일반적으로 크기순으로 나열한다. 크기순으로 자료를 나열하는 경우에도 아래와 같이 점차 증가되는 방향으로 정렬되는 오름차순(ascending order)과 점차 감소되는 방향으로 정렬되는 내림차순(descending order)이 있다.

```
// 오름차순
1, 3, 7, 12, 100

// 내림차순
100, 12, 7, 3, 1
```

## 16.2 선택 정렬(selection sorting)

만일 10개의 카드를 나누어주고 작은 값부터 순서대로 정렬하라고 하면, 일반적으로 10개 중에서 가장 작은 값을 가지고 있는 카드를 먼저 선택하고, 그 다음에 나머지 9장의 카드 중에서 가장 작은 값을 가지고 있는 카드를 선택하면서 정렬할 것이다. 이와 같은 정렬 방법을 선택 정렬이라고 한다.

만일 아래와 같이 크기가 5인 배열을 선택 정렬을 이용하여 오름차순으로 다시 나열한다면, 먼저 가장 작은 1을 선택하여 맨 앞에 놓을 것이다.

```
a[0] a[1] a[2] a[3] a[4]
   9    6    7    3    1
                  가장 작은 값
```

a[0] = a[4]를 수행하면 a[0]이나 a[4]가 모두 1이 된다. 따라서 a[0]과 a[4]를 교환해야 하며 아래와 같이 작성할 수 있다.

```
t = a[0];
a[0] = a[4];
a[4] = t;
```

위와 같은 방법으로 가장 작은 값과 맨 앞의 요소를 교환하면 배열은 아래와 같은 순서를 가질 것이다. 맨 앞의 요소는 정렬되어 있으므로 두 번째 요소부터 가장 작은 값을 찾는다.

```
a[0] a[1] a[2] a[3] a[4]
   1    6    7    3    9
정렬            가장 작은 값
```

여기서 가장 작은 값은 a[3]의 3이므로 두 번째 요소와 교환하면 아래와 같이 앞의 두 요소까지 정렬된다.

```
a[0] a[1] a[2] a[3] a[4]
   1    3    7    6    9
 정렬         가장 작은 값
```

위의 방법과 같은 동작은 4회 반복하면 a[0]~a[3]에는 작은 값의 순서로 정렬되고 a[4]에는 가장 큰 값이 남아 있을 것이다.

전체 자료에서 가장 작은 값의 위치(인덱스)를 찾는 것은 아래의 코드와 같이 작성할 수 있다. 즉, 초기에 가장 작은 값의 위치(minIndex)는 0으로 하고 배열의 모든 요소와 비교하면서 작은 값이 있다면 minIndex를 수정한다.

```
minIndex = 0;
for(i = 1 ; i < 5 ; i++)
  if(a[i] < a[minIndex]) minIndex = i;
```

위의 코드와 같이 minIndex를 찾은 후에 0번 인덱스의 자료와 교환하는 것은 아래와 같이 작성할 수 있다. 여기서 minIndex가 0이라면 교환하는 것은 의미가 없으므로 if 조건이 추가되었다.

```
if(minIndex != 0) {
  t = a[0];
  a[0] = a[minIndex];
  a[minIndex] = t;
}
```

위의 두 코드를 수행하면 가장 작은 값이 선택되어 맨 처음 요소와 교환된다. 이러한 과정이 4회 동작해야 하므로 아래와 같은 반복 동작에 포함되어야 한다.

```
for(k = 0 ; k < 4 ; k++) {

}
```

위의 반복에서 k=0일 때, a[0]부터 a[4]에서 가장 작은 값을 찾아서 a[0]과 교환하고, k=1일 때, a[1]부터 a[4]에서 가장 작은 값을 찾아서 a[1]과 교환한다. 따라서 위의 반복 동작에 들어갈 코드는 아래와 같이 수정되어야 한다.

```
minIndex = k;
for(i = k+1 ; i < 5 ; i++)
  if(a[i] < a[minIndex]) minIndex = i;

if(minIndex != k) {
  t = a[k];
  a[k] = a[minIndex];
  a[minIndex] = t;
}
```

따라서 위의 선택 정렬 과정을 size의 크기를 가지는 정수형 배열에 처리하는 함수는 프로그램 16-1과 같이 작성할 수 있다.

**프로그램 16-1 선택 정렬 (16_01.c)**

```
#include <stdio.h>
#include <stdlib.h>
#include <time.h>

void Sort(int a[], int size) {
  int i, k, minIndex;
  int t;

```

```
  for(k = 0 ; k < size-1 ; k++)
  {
    minIndex = k;
    for(i = k+1 ; i < size ; i++)
      if(a[i] < a[minIndex]) minIndex = i;

    if(minIndex != k) {
      t = a[k];
      a[k] = a[minIndex];
      a[minIndex] = t;
    }
  }
}

int main()
{
  int a[10];
  int i;

  srand((unsigned)time(0));
  for(i = 0 ; i < 10 ; i++)
    printf("%d\t", a[i] = rand()%100);

  Sort(a, 10);

  printf("\n");
  for(i = 0 ; i < 10 ; i++)
    printf("%d\t", a[i]);

  return 0;
}
```

**실행 결과**

```
30	80	60	33	30	70	50	68	8	65

8	30	30	33	50	60	65	68	70	80
```

## 16.3 삽입 정렬(insertion sorting)

만일 1000개의 카드를 나누어주고 작은 값부터 순서대로 정렬하라고 하면, 선택 정렬로 순서를 맞추는 것은 매우 어려울 것이다. 이때 생각할 수 있는 방법은 첫 번째 자료는 정렬되었다고 가정하고 두 번째 자료가 첫 번째 자료보다 크다면 그대로 놓고, 아니면 첫 번째에 놓을 수 있다. 이렇게 하면 두 번째 자료까지는 정렬된 것이다. 다음으로 세 번째 자료와 두 번째 자료와 비교해서 두 번째 자료보다 크다면 그대로 놓고, 아니면 첫 번째 자료와 또 비교한다. 첫 번째 자료와의 비교는 두 번째 자료의 위치를 찾는 것과 동일한 방법을 수행한다. 즉, n-1번째 자료까지 정렬되어 있다면, n번째 자료와 n-1부터 첫 번째 자료까지 비교해 가면서 n번째 자료보다 작은 값이 나오면 그 자료 뒤에 놓는다. 이와 같이 정렬할 자료를 하나씩 끼워 넣는 기법을 삽입 정렬이라고 한다.

만일 아래와 같이 크기가 5인 배열을 선택 정렬을 이용하여 오름차순으로 다시 나열한다면, 9는 정렬되어 있다고 가정하고 {6, 7, 3, 1}을 순서대로 앞에 정렬된 자료에 끼워 넣는다. 먼저 6은 9와 비교하여 작기 때문에 9를 뒤로 민다.

```
a[0] a[1] a[2] a[3] a[4]
   9    6    7    3    1
정렬  삽입할 값
```

a[1] = a[0]로 수행하면 a[1]이 없어지므로, 아래와 같이 먼저 a[1](삽입할 자료)을 다른 변수에 저장하고 뒤로 민다.

```
ins = a[1];
a[1] = a[0];
```

a[1]이 0번 인덱스 자료와 비교하고 더 이상 비교할 값이 없으므로 a[1]은 0번 인덱스에

삽입하면 아래와 같이 앞의 두 개의 자료는 정렬된다.

| a[0] | a[1] | a[2] | a[3] | a[4] |
|---|---|---|---|---|
| 6 | 9 | 7 | 3 | 1 |
| 정렬 | | 삽입할 값 | | |

a[2]도 동일한 방법으로 수행하면, a[2] ← a[1]이 되고, a[2]보다 a[0]이 작으므로 a[0]을 뒤로 밀지 않고, a[0] 뒤에 삽입하면 아래와 같이 앞의 세 개의 자료는 정렬된다.

| a[0] | a[1] | a[2] | a[3] | a[4] |
|---|---|---|---|---|
| 6 | 7 | 9 | 3 | 1 |
| | 정렬 | | 삽입할 값 | |

위의 방법과 같은 동작은 4회 반복하면 a[1]~a[4]는 순서에 맞게 삽입된다.

k 인덱스의 삽입할 위치를 찾는 것은 아래와 같이 먼저 삽입할 자료를 ins에 미리 지장해 두고, k-1부터 0번 인덱스 자료와 비교한다. 만일 ins값보다 작은 값이 있다면 비교를 종료하고 그렇지 않으면 비교되는 자료를 뒤로 민다.

```
ins = a[k];
for(i = k-1 ; i >= 0 ; i--)
{
  if(a[i] < ins) break;
  else a[i+1] = a[i];
}
```

위의 코드를 수행하여, i번 인덱스 자료까지 비교했다면 i+1번 인덱스에 ins가 삽입되어야 한다. 또한 0번 인덱스까지 모두 비교하였다면 for에서 i>=0의 조건을 만족하지 않는 -1이 되어, (-1)+1 = 0번 인덱스에 삽입되어야 한다. 따라서 두 경우 모두 아래와 같이

a[i+1] = ins가 삽입된다.

```
a[i+1] = ins;
```

위의 두 코드의 동작이 a[1]~a[4]까지 수행되어야 하므로 아래와 같은 반복 동작에 포함되어야 한다.

```
for(k = 1 ; k < 5 ; k++) {

}
```

따라서 위의 삽입 정렬 과정을 size의 크기를 가지는 정수형 배열에 처리하는 함수는 프로그램 16-2와 같이 작성할 수 있다.

**프로그램 16-2** 삽입 정렬 (16_02.c)

```
#include <stdio.h>
#include <stdlib.h>
#include <time.h>

void Sort(int a[], int size) {
  int i, k;
  int ins;

  for(k = 1 ; k < size ; k++)
  {
    ins = a[k];
    for(i = k-1 ; i >= 0 ; i--)
    {
      if(a[i] < ins) break;
      else a[i+1] = a[i];
    }
```

```
      a[i+1] = ins;
    }
  }

  int main()
  {
    int a[10];
    int i;

    srand((unsigned)time(0));
    for(i = 0 ; i < 10 ; i++)
      printf("%d\t", a[i] = rand()%100);

    Sort(a, 10);

    printf("\n");
    for(i = 0 ; i < 10 ; i++)
      printf("%d\t", a[i]);

    return 0;
  }
```

**실행 결과**

```
15    98    51    70    3     49    26    25    82    9

3     9     15    25    26    49    51    70    82    98
```

## 16.4 버블 정렬(bubble sorting)

버블 정렬은 선택 정렬의 수행을 선택적으로 동작하지 않고 인접 자료를 비교하는 방법으로 수행한다. 즉, 아래의 정렬되지 않은 자료를 a[4]와 a[3]을 비교하여 오름차순으로 나열하면, 두 자료가 교환될 것이다.

```
a[0] a[1] a[2] a[3] a[4]
   9    6    7    3    1
                 비교
```

아래의 교환된 자료에서 a[3]과 a[2]를 다시 비교하여 오름차순으로 나열하면, 두 자료가 또 교환될 것이다.

```
a[0] a[1] a[2] a[3] a[4]
   9    6    7    1    3
            비교
```

동일한 방법으로 a[2]와 a[1], a[2]와 a[0]을 비교하여 오름차순으로 나열하면, 아래와 같이 가장 작은 값이 맨 앞에 오게 된다.

```
a[0] a[1] a[2] a[3] a[4]
   1    9    6    7    3
정렬
```

또 다시 위의 방법과 같이 a[4]와 a[3], a[3]과 a[2], a[2]와 a[1], a[1]과 a[0]을 비교하여 오름차순으로 나열하면 두 번째로 작은 3이 두 번째(a[1])에 온다.

즉, 두 개씩 짝으로 비교하여 오름차순으로 나열하는 것을 4회 반복하면, a[0]~a[3]에는 작은 값의 순서로 정렬되고 a[4]에는 가장 큰 값이 남아 있을 것이다.

뒤에서부터 두 개씩 비교해 가면서 오름차순으로 정렬하는 것은 앞의 자료가 크면 아래와 같이 교환하는 코드로 작성할 수 있다.

```
for(i = 4 ; i > 0 ; i--)
  if(a[i-1] > a[i]) {
```

```
    t = a[i];
    a[i] = a[i-1];
    a[i-1] = t;
  }
```

위의 코드가 4번 수행되어야 하므로 아래와 같은 반복 동작에 포함되어야 한다.

```
for(k = 0 ; k < 5 ; k++) {

}
```

k=0일 때는 모든 자료가 비교되어야 하지만, k=1일 때는 첫 번째 자료가 가장 작은 자료이기 때문에 첫 번째 자료와의 비교는 의미가 없다. 따라서 비교하는 코드는 아래와 같이 k에 의해 횟수를 줄일 수 있다.

```
for(i = 4 ; i > k ; i--)
  if(a[i-1] > a[i]) {
    t = a[i];
    a[i] = a[i-1];
    a[i-1] = t;
  }
```

따라서 위의 버블 정렬 과정을 size의 크기를 가지는 정수형 배열에 처리하는 함수는 프로그램 16-3과 같이 작성할 수 있다.

**프로그램 16-3** 버블 정렬 (16_03.c)

```
#include <stdio.h>
#include <stdlib.h>
#include <time.h>

```

```c
void Sort(int a[], int size) {
  int i, k;
  int t;

  for(k = 0 ; k < size ; k++)
  {
    for(i = size-1 ; i > k ; i--)
      if(a[i-1] > a[i]) {
        t = a[i];
        a[i] = a[i-1];
        a[i-1] = t;
      }
  }
}

int main()
{
  int a[10];
  int i;

  srand((unsigned)time(0));
  for(i = 0 ; i < 10 ; i++)
    printf("%d\t", a[i] = rand()%100);

  Sort(a, 10);

  printf("\n");
  for(i = 0 ; i < 10 ; i++)
    printf("%d\t", a[i]);

  return 0;
}
```

**실행 결과**

```
75	85	6	82	97	44	25	91	84	55

6	25	44	55	75	82	84	85	91	97
```

버블 정렬은 교환 횟수가 많기 때문에 처리 시간이 가장 많고, 선택 정렬은 작은 값을 정렬되지 않은 모든 자료들 중에서 찾아야 하므로 삽입 정렬에 비해 처리 시간이 많이 필요하다. 실험적으로 버블 정렬은 삽입 정렬보다 3배 이상 처리 시간이 걸리고, 선택 정렬은 삽입 정렬보다 1.5배 이상의 처리 시간이 필요하다.

## 16.5 순차 검색(sequential searching)

검색이란 자료가 있는 지를 판별하는 것으로 모든 자료를 처음부터 차례로 찾는 순차 검색과 정렬된 자료를 두 부분으로 나누어서 찾는 이분 검색이 있다.

찾고자하는 key 값이 크기가 size인 배열에 있는지를 검색하는 것은 0부터 size-1번 인덱스 자료와 매번 비교해서 찾는 것이 순차 탐색이다. 만일 찾고자 하는 자료가 있다면 그 요소의 인덱스 번호를 반환하고, 없다면 -1(배열에서 사용하지 않는 인덱스)을 반환하여 검색 여부를 확인할 수 있다. 따라서 순차 검색 함수의 원형은 아래와 같이 사용할 수 있다.

```
int Search(int data[], int size, int key);
```

위 함수는 크기가 size인 data 배열에서 key를 찾아서 있으면 요소의 인덱스 번호를 반환하고, 없으면 -1을 반환하는 함수이며 차례대로 검색하므로 반복문으로 프로그램 16-4와 같이 쉽게 작성할 수 있다.

**프로그램 16-4 순차 검색 (16_04.c)**

```
#include <stdio.h>
#include <stdlib.h>
```

```
#include <time.h>

int Search(int data[], int size, int key) {
  int i;

  for(i = 0 ; i < size ; i++)
    if(data[i] == key) return i;

  return -1;
}

int main()
{
  int a[10];
  int key;
  int i, result;

  srand((unsigned)time(0));
  for(i = 0 ; i < 10 ; i++)
    printf("%d\t", a[i] = rand()%100);

  printf("\n");
  for(i = 0 ; i < 10 ; i++)
  {
    key = rand()%100;
    result = Search(a, 10, key);
    if(result >= 0)
      printf("a[%d] = %d\n", result, key);
    else
      printf("%d is not found\n", key);
  }

  return 0;
}
```

**실행 결과**

```
not found
92 is not found
```

```
a[9] = 38
```

## 16.6 이분 검색(binary searching)

이분 검색은 자료가 정렬되어 있다는 가정에서 수행되는 검색 기법이다. 만일 자료가 오름차순으로 정렬되어 있고, 찾을 key 값이 자료의 가운데 값보다 크다면 자료는 가운데 보다 큰 쪽에 있을 것이다. 또한 이와 같이 반으로 줄어들은 자료도 가운데의 자료와 비교해서, 검색할 자료를 계속해서 반으로 줄일 수 있을 것이다. 이와 같은 이분 검색은 자료의 수가 많을수록 순차 검색에 비해 비교되는 횟수가 더욱 감소된다.

찾고자하는 key 값이 크기가 N인 배열에 있는지를 이분 검색하는 것은 (0+N-1)/2의 자료와 비교하고, 다시 또 반으로 줄이는 과정 반복해야 한다. 따라서 이와 같은 반복은 아래와 같이 작성할 수 있다.

```
start = 0;
end = N-1;

while(start <= end) {
  mid = (start+end)/2;

  // data[mid]와 key의 비교에 의해 start나 end를 갱신
}
```

초기에 start = 0, end = N-1로 지정하고 mid의 위치는 (start+end)/2로 계산한다. 만일 가운데 자료(data[mid])보다 key가 크다면 가운데 자료보다 큰 반을 다시 검색하고, 작다면 작은 반을 다시 검색해야 한다. 또한 data[mid]와 key가 같으면 mid 위치에 key가 있는 것이므로 반복을 종료한다. 따라서 위의 갱신 부분은 아래와 같이 작성할 수 있다.

```
if(data[mid] < key)
  start = mid+1;
else if(data[mid] > key)
  end = mid-1;
else
  break; // data[mid] == key
```

이분 검색도 함수로 작성하면 앞의 순차 검색과 같은 원형의 함수를 사용할 수 있다. 위의 검색에서 data[mid]와 key 같으면 반복을 종료했으나 함수로 작성하면 그 mid값이 찾고자 하는 key와 일치하는 자료의 인덱스이므로 mid를 반환하고, 반복이 종료되어도 반환이 없다면 검색된 자료가 없는 것이므로 -1을 반환하도록 작성할 수 있다. 이와 같이 함수로 작성하여 시험한 코드는 프로그램 16-5이다.

**프로그램 16-5** 이분 검색 (16_05.c)

```
#include <stdio.h>
#include <stdlib.h>
#include <time.h>
void Sort(int a[], int size) {
  int i, k;
  int ins;

  for(k = 1 ; k < size ; k++)
  {
    ins = a[k];
    for(i = k-1 ; i >= 0 ; i--)
    {
      if(a[i] < ins) break;
      else a[i+1] = a[i];
    }
    a[i+1] = ins;
  }
}

```

```
int Search(int data[], int size, int key) {
  int start, mid, end;

  start = 0;
  end = size-1;
  while(start <= end) {
    mid = (start+end)/2;

    if(data[mid] < key)
      start = mid+1;
    else if(data[mid] > key)
      end = mid-1;
    else
      return mid;
  }

  return -1;
}

int main()
{
  int a[10];
  int key;
  int i, result;

  srand((unsigned)time(0));
  for(i = 0 ; i < 10 ; i++)
    printf("%d\t", a[i] = rand()%100);

  Sort(a, 10);

  printf("\n");
  for(i = 0 ; i < 10 ; i++)
    printf("%d\t", a[i]);

  printf("\n");
  for(i = 0 ; i < 10 ; i++)
  {
```

```
        key = rand()%100;
        result = Search(a, 10, key);
        if(result >= 0)
          printf("a[%d] = %d\n", result, key);
        else
          printf("%d is not found\n", key);
      }

      return 0;
    }
```

**실행 결과**

```
51    61    85    36    33    2     91    7     69    29

2     7     29    33    36    51    61    69    85    91

a[0] = 2
95 is not found
1 is not found
47 is not found
a[3] = 33
a[9] = 91
67 is not found
26 is not found
28 is not found
78 is not found
```

C Programming C 프로그래밍 입문과 활용

# 연습문제 16. 정렬과 검색

1. 다음의 배열을 이용하여 선택 정렬 과정을 설명하라.

```
int a[5] = {5, 10, 3, -2, 9}
```

2. 다음의 배열을 이용하여 삽입 정렬 과정을 설명하라.

```
int a[5] = {5, 10, 3, -2, 9}
```

3. 다음의 배열을 이용하여 버블 정렬 과정을 설명하라.

```
int a[5] = {5, 10, 3, -2, 9}
```

4. 다음의 배열을 이용하여 1과 10을 순차 검색과 이분 검색으로 찾는 과정을 각각 설명하라.

```
int a[5] = {-2, 3, 5, 9, 10}
```

5. 다음의 double 형 배열을 정렬하는 함수의 문제점에 대해 설명하라.

```
void Sort(double a[], int size) {
  int i, k, minIndex;
  int t;

  for(k = 0 ; k < size-1 ; k++)
  {
```

```
    minIndex = k;
    for(i = k+1 ; i < size ; i++)
      if(a[i] < a[minIndex]) minIndex = i;

    if(minIndex != k) {
      t = a[k];
      a[k] = a[minIndex];
      a[minIndex] = t;
    }
  }
}
```

6. 다음과 같이 두 배열의 요소를 비교해서, 큰 값을 첫 배열에 저장하는 함수를 작성하라.

```
수행 전
int a1[] = {1, 4, 1, 3, 4, ...}
int a2[] = {7, 9, 4, 1, 2, ...}

수행 후
int a1[] = {7, 9, 4, 3, 4, ...}  // a1[i]와 a2[i] 중에
int a2[] = {7, 9, 4, 1, 2, ...}  // 큰 값이 a1[i]에 저장
```

7. 다음과 같이 배열의 순서를 바꾸는 함수를 작성하라.

```
수행 전
int a[] = {5, 3, 0, ..., 7, 1, 9}

수행 후
int a[] = {9, 1, 7, ..., 0, 3, 5}
```

8. float형 배열의 요소를 버블 정렬로 정렬하는 함수를 작성하라.

9. 이분 검색을 재귀 호출로 동작하는 함수를 작성하라.

Programming

Chapter 17

# 고차원 배열

# Chapter 17 고차원 배열

## 17.1 이차원 배열

배열의 배열을 이차원 배열이라고 한다. 아래의 ary는 int 형 변수를 3개 가지는 것인데, 이러한 배열을 다시 배열로 구성한 것을 이차원 배열이라고 한다.

```
int ary[3];
```

이차원 배열의 선언은 아래와 같다. arrayName은 ararySize1인 배열을 arraySize2개 가지는 이차원 배열이다.

**이차원 배열은 일차원 배열을 요소로 가지는 배열이다.**

```
dataType arrayName[arraySize2][arraySize1];
```

위와 같이 선언된 이차원 배열의 요소는 아래와 같이 사용할 수 있다. index1은 [0,

arraySize1-1]의 인덱스이고, index2는 [0, arraySize2-1]의 인덱스이다.

```
arrayName[index2][index1]
```

아래와 같이 선언된 이차원 배열의 구조는 그림 17-1과 같다. 그림의 왼쪽과 같이 이차

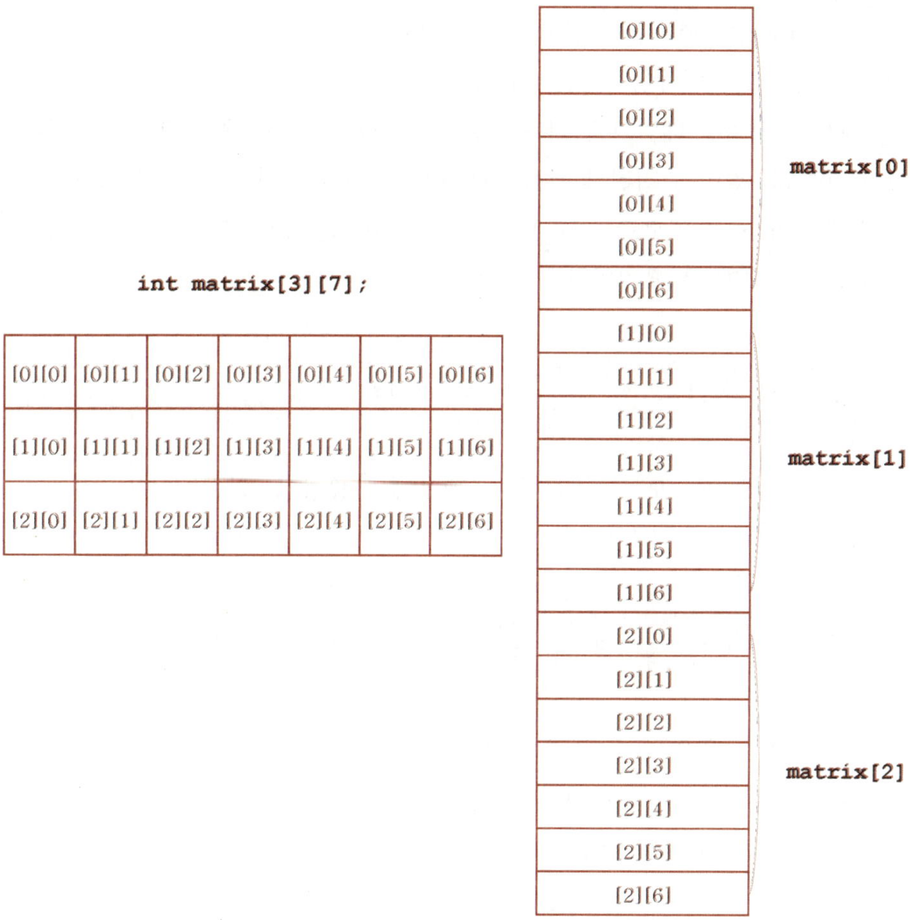


그림 17-1 이차원 배열의 구조

원 배열은 이차원 자료(행렬)와 비슷하게 사용된다. 하지만 메모리 구조는 그림의 오른쪽과 같이 배열의 배열이므로 일차원 구조를 가지고 있다.

```
int matrix[3][7];
```

그림 17-1에서 선언된 matrix에서, matrix[i]에 [0]부터 [6]을 붙여서 int 형 요소를 접근할 수 있다. 즉, matrix[i]는 일차원 배열과 동일한 의미이다. 따라서 matrix를 matrix[i]로 표현하면 일차원 배열로 분해하여 해석할 수 있다.

이차원 배열도 일차원 배열과 같이 초기화할 수 있으며, 이차원 배열은 일차원 배열의 배열이므로 아래와 같이 중첩된 블록을 이용하여 초기화할 있다. 아래의 코드에서 {1, 2, 3}은 일차원 배열 m[0] 이므로 m[0][0], m[0][1], m[0][2]를 초기화한 것이고, {4, 5, 6}은 m[1][0], m[1][1], m[1][2]를 초기화한 것이다.

```
int m[2][3] = {{1, 2, 3}, {4, 5, 6}};
```

위와 같이 모든 요소를 모두 초기화하는 경우에는 중첩된 블록을 이용하지 않고 아래와 같이 초기화하는 것도 가능하다.

```
int m[2][3] = {1, 2, 3, 4, 5, 6};
```

일차원 배열에서 배열의 요소를 일부분만 초기화하면 나머지는 0으로 초기화되었는데, 이차원 배열도 동일하다. 만일 아래와 같이 초기화하면 m[0]은 {1, 0, 0}으로 초기화되고, m[1]은 {4, 5, 0}으로 초기화되고, m[2], m[3]과 m[4]는 {0, 0, 0}으로 초기화된다.

```
int m[5][3] = {{1}, {4, 5}};
```

## 17.2 마방진(magic square)

마방진은 가로, 세로와 대각선의 요소의 합이 같은 정사각형 행렬 구조이다. 예를 들어, 그림 17-2의 마지막 그림은 가로, 세로와 대각선의 합이 모두 15이다. 홀수 마방진에 숫자가 채워지는 과정은 몇 가지 규칙에 의해서 쉽게 작성될 수 있다. n×n 마방진에 숫자는 [1, n×n]이며, 아래의 규칙에 의해 1부터 시작하여 n×n까지 순서대로 채워나간다.

① 초기값(i = 1)은 첫 행[0]의 가운데 열[n/2]에 삽입하고, i를 1씩 증가하면서 ② 이하의 규칙을 따른다.
② 행과 열을 1씩 감소한다.
③ 만일 행이 0보다 작아지면, 마지막 행[n-1]으로 지정한다.
④ 만일 열이 0보다 작아지면, 마지막 열[n-1]로 지정한다.
⑤ 삽입할 자리에 다른 값이 채워져 있다면, ②를 수행하기 이전의 위치에서 행만 1 증가한다.
⑥ 지정된 위치에 i를 삽입한다.
⑦ i가 n×n까지 채워졌다면 종료하고, 아니면 1증가시기고 ②를 반복한다.

위와 같은 규칙에 의해 3×3 마방진을 작성하는 과정은 그림 17-2와 같다. 먼저 위의 ⑤를 확인하기 위해서 모두 0으로 채운다. 즉, 삽입할 자리에 0이 아닌 다른 값이 있다면, 다른 값이 채워져 있는 것이다.

1은 ①에 의해 삽입되며, 행과 열의 위치는 (0, 1)이다.

2를 삽입하기 위해서 ②에 의해 위치는 (-1, 0)이 된다. 하지만 행에 음수가 있으므로, ③에 의해서 위치는 (2, 0)이 된다.

3을 삽입하기 위해서 ②에 의해 위치는 (1, -1)이 된다. 하지만 열에 음수가 있으므로, ④에 의해 위치는 (1, 2)가 된다.

4를 삽입하기 위해서 ②에 의해서 위치는 (0, 1)이 된다. 하지만 ⑤의 조건과 같이 그 위치에는 다른 값(1)이 이미 채워져 있으므로, ②를 수행하기 전의 위치 (1, 2)에서 행만 1증가하여 위치는 (2, 2)이 된다.

5를 삽입하기 위해서 ②에 의해서 위치는 (1, 1)이 된다.

6을 삽입하기 위해서 ②에 의해서 위치는 (0, 0)이 된다.

7을 삽입하기 위해서 ②에 의해서 위치는 (-1, -1)이 된다. 하지만 행과 열이 모두 음수이므로, ③과 ④에 의해 위치는 (2, 2)가 된다. (2, 2)에 이미 다른 값(4)이 있으므로, ②를 수행하기 전의 위치 (0, 0)에서 행만 1증가하여 위치는 (1, 0)이 된다.

8을 삽입하기 위해서 ②에 의해 위치는 (0, -1)이 된다. 하지만 열에 음수가 있으므로, ④에 의해서 위치는 (0, 2)가 된다.

9를 삽입하기 위해서 ②에 의해 위치는 (-1, 1)이 된다. 하지만 행에 음수가 있으므로, ③에 의해 위치는 (2, 1)이 된다.

n×n의 홀수 마방진을 저장하기 위해서는 이차원 배열이 필요하다. 이때, n을 입력받아서 여러 크기의 마방진을 수행한다면 최대로 입력받을 수 있는 n의 크기로 배열의 크기를 선언해야 한다. 여기서, 최대 15×15 마방진을 처리하도록 하면 아래와 같이 최대 크기를 상수로 지정하고, 이차원 배열을 선언할 수 있다.

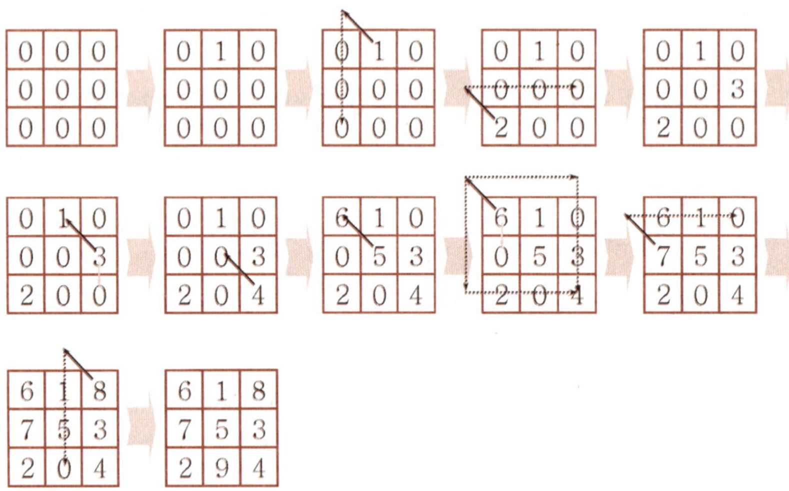

그림 17-2 마방진

```
#define MAX   15
int magic[MAX][MAX];
```

마방진의 크기를 size라는 변수로 처리한다면, 먼저 scanf로 입력받고 그 크기가 조건에 맞지 않으면 더 이상 처리하지 않는다. 이차원 배열의 최대 크기를 15로 지정하였으므로, 아래와 같이 15보다 크거나, 3보다 작거나 짝수이면 main 함수를 종료한다.

```
if(size > 15 || size < 3 || size%2 == 0) return 0;
```

행과 열의 위치를 수정하면서, i값(1부터 size×size)을 삽입하므로, 행과 열을 저장할 변수를 생성하고, ⑤의 판별을 위하여 이차원 배열을 아래와 같이 0으로 초기화한다.

```
for(row = 0 ; row < size ; row++)    // 행
  for(col = 0 ; col < size ; col++)  // 열
    magic[row][col] = 0;
```

1의 위치는 지정되어 있으므로 아래와 같이 1을 삽입한다.

```
row = 0;          // 행
col = size/2;     // 열
magic[row][col] = 1;
```

다음 2부터 size×size까지 값을 채워나가야 하므로 아래와 같은 루프를 이용하여 반복 처리한다.

```
for(i = 2 ; i <= size*size ; i++) {
}
```

위의 반복 동작에서 i가 채워질 위치는 규칙에 따라서 순서대로 작성한다. ②는 행과 열이 감소되므로 아래와 같이 작성할 수 있다.

```
row--;
col--;
```

③은 row가 음수인 경우를 판별해서 아래와 같이 작성할 수 있다.

```
if(row < 0) row = size-1;
```

④도 row와 같이 아래와 같이 작성할 수 있다.

```
if(col < 0) col = size-1;
```

⑤는 0이 아닌 값으로 아래와 같이 판별할 수 있다. 여기서 ②를 수행하기 이전의 위치가 필요하므로, ②를 수행하기 전에 row와 col을 각각 saveRow와 saveCol에 저장하고 아래와 같이 위치를 수정한다.

```
if(magic[row][col] > 0) {
  row = saveRow + 1;
  col = saveCol;
}
```

위의 과정에 의해 지정된 위치에 i를 삽입하면서 n×n까지 수행하면 마방진이 완성된다. 이 마방진의 출력은 중첩된 반복문으로 행을 바꾸면서 출력할 수 있다. 이와 같은 과정에 의해 작성된 마방진 코드는 프로그램 17-1과 같다.

프로그램 17-1 마방진 (17_01.c)

```
#include <stdio.h>

#define MAX 15
int main()
{
  int magic[MAX][MAX];
  int i, size;
  int row, col;
  int saveRow, saveCol;

  scanf("%d", &size);
  if(size > 15 || size < 3 || size%2 == 0) return 0;

  for(row = 0 ; row < size ; row++)
    for(col = 0 ; col < size ; col++)
      magic[row][col] = 0;

  row = 0;
  col = size/2;
  magic[row][col] = 1;
  for(i = 2 ; i <= size*size ; i++) {
    saveRow = row;
    saveCol = col;

    row--;
    col--;

    if(row < 0) row = size-1;
    if(col < 0) col = size-1;
    if(magic[row][col] > 0) {
      row = saveRow+1;
      col = saveCol;
    }
    magic[row][col] = i;
  }
```

```
    for(row = 0 ; row < size ; row++)
    {
      for(col = 0 ; col < size ; col++)
        printf("%5d", magic[row][col]);
      printf("\n");
    }

    return 0;
  }
```

**실행 결과 1**

```
3
    6    1    8
    7    5    3
    2    9    4
```

**실행 결과 2**

```
9
   45   34   23   12    1   80   69   58   47
   46   44   33   22   11    9   79   68   57
   56   54   43   32   21   10    8   78   67
   66   55   53   42   31   20   18    7   77
   76   65   63   52   41   30   19   17    6
    5   75   64   62   51   40   29   27   16
   15    4   74   72   61   50   39   28   26
   25   14    3   73   71   60   49   38   36
   35   24   13    2   81   70   59   48   37
```

## 17.3 이차원 배열과 함수

아래와 같이 선언된 이차원 배열은 요소를 각각 함수에 전달할 수도 있고, 일차원 배열로 분해해서 전달할 수도 있고, 이차원 배열 전체를 함수에 전달할 수 있다.

```
int a[5][10];
```

이차원 배열의 요소도 일반 변수와 동일하므로, 일차원 배열의 요소를 함수로 전달하는 것과 동일한 방법으로 이차원 배열의 요소를 함수로 전달할 수 있다. 위의 배열에서 a[i]는 1차원 배열이므로 1차원 배열 전체를 함수의 매개변수로 받는 함수에 인수로 전달할 수 있다.

```
void Fn(int x[], int size);
```

즉, 이차원 배열(int a[5][10])의 일차원 배열 요소(a[i])들을 인수로 위의 함수를 아래와 같이 호출할 수 있다.

```
for(i = 0 ; i < 5 ; i++)
  Fn(a[i], 10);
```

이차원 배열의 이름은 일차원 배열의 첫 번째 요소의 주소이다. 즉, 아래와 같은 배열에서 a가 상징하는 것은 &a[0]이다.

```
int a[5][10];
a // &a[0]
```

따라서 이차원 배열의 이름을 함수의 인수로 전달하면, 1차원 배열의 주소를 저장하는 매개변수가 있어야 한다. 함수의 매개변수를 아래와 같이 지정하면 x는 크기가 10인 1차원 배열의 주소를 받는 자료형이다. 따라서 아래와 같은 매개변수를 지정하여 이차원 배열 전체를 받을 수 있다.

```
void Fn(int x[][10])
```

프로그램 17-2는 이차원 배열 전체를 함수로 전달하는 것과 이차원 배열을 일차원 배열로 분해해서 전달하는 예를 보이고 있다. 5행에서 선언된 Print 함수의 첫 번째 매개변수 x는 크기가 5인 일차원 배열의 주소를 받는 변수이므로, 38행과 같이 이차원 배열의 이름을 전달하여 호출할 수 있다. 16행에서 선언된 RowSum 함수의 첫 번째 매개변수 x는 일차원 배열을 받는 함수인데, 42행과 같이 이차원 배열을 일차원 배열로 분해하여 data[row]로 전달하였다. 즉, 41행의 출력 결과는 data의 각 행의 합이다.

**프로그램 17-2** 이차원 배열과 함수 (17_02.c)

```
1  #include <stdio.h>
2  #include <stdlib.h>
3  #include <math.h>
4
5  void Print(int x[][5], int size2) {
6    int row, col;
7
8    for(row = 0 ; row < size2 ; row++)
9    {
10     for(col = 0 ; col < 5 ; col++)
11       printf("%5d", x[row][col]);
12     printf("\n");
13   }
14 }
15
16 int RowSum(int x[], int size) {
17   int i;
18   int sum;
19
20   sum = 0;
21   for(i = 0 ; i < size ; i++)
22     sum += x[i];
```

```

    return sum;
  }

  int main()
  {
    int data[3][5];
    int row, col;

    for(row = 0 ; row < 3 ; row++)
      for(col = 0 ; col < 5 ; col++)
      {
        data[row][col] = rand()%100;
      }

    Print(data, 3);

    for(row = 0 ; row < 3 ; row++)
      printf("%d row sum: %5d\n",
        row, RowSum(data[row], 5));

    return 0;
  }
```

**실행 결과**

```
   41   67   34    0   69
   24   78   58   62   64
    5   45   81   27   61
0 row sum:   211
1 row sum:   286
2 row sum:   219
```

## 17.4 고차원 배열

일차원 배열을 배열로 구성해서 이차원 배열을 사용하는 것과 동일하게, 이차원 배열을 배열로 구성하여 삼차원 배열을 사용할 수 있다. 또한 더 높은 차원으로 확장도 가능하다.

아래와 같이 선언된 배열은, 크기가 5인 정수형 일차원 배열의 배열을 요소로 하는 배열로서, int [5]는 3개 이며, int [3][5]는 2개를 가지는 배열이다.

```
int a[2][3][5];
```

이차원 배열 전체를 함수의 매개변수로 받는 것과 동일하게 위의 배열을 매개변수로 받는 것은 아래와 같은 형식을 사용한다.

```
void Fn(int a[][3][5]);
```

C Programming C 프로그래밍 입문과 활용

# 연습문제 17

고차원 배열

1. 다음의 이차원 배열이 메모리 할당되는 순서를 설명하라.

```
int a[3][2] = {{1, 2}, {3, 4}, {5, 6}};
```

2. 다음 배열 선언의 문제점을 설명하라.

```
int a[2][3] = {{1, 2, 3}, {4, 5, 6}, {7, 8, 9}};
```

3. 다음 배열 선언의 문제점을 설명하라.

```
int a[2][3] = {{1, 2}, {3, 4}, {5, 6}};
```

4. 다음의 배열 선언으로 각 요소의 값은 어떻게 초기화 되는가?

```
int a1[3][2] = {{1}, {3, 4}, {5, 6}};
int a2[5][2] = {{1}, {3, 4}, {5, 6}};
int a3[3][6] = {{1, 2, 3}, {3, 4, 5}, {6, 7, 8}};
int a4[3][2] = {1, 2, 3, 4, 5, 6};
int a5[3][2] = {0};
int a6[3][2] = {{0}, {1}, {2}};
```

5. 다음 함수의 문제점에 대해 설명하라.

```
int Fn(int ary[][], int s1, int s2) {
  int x, y;
  int sum = 0;
```

```
    for(y = 0 ; y < s1 ; y++)
      for(x = 0 ; x < s2 ; x++)
        sum += ary[y][x];

    return sum;
  }
```

6. 크기가 5×5인 배열을 받아서 [i][j] 번째 요소와 [j][i] 번째 요소를 교환하는 함수를 작성하라.

7. 다음과 같이 동작하는 함수를 작성하라.

```
1. 크기가 n×5인 정수형 배열(M)을 함수의 매개변수로 받는다.
   (함수의 원형: void Sort(int M[][5], int n);)
2. M의 각 열의 합을 오름차순으로 각 열이 정렬된다.

수행전(n = 3)
3   5   1   6   4
3   6   2   1   5
3   2   1   9   1

수행후
1   3   4   5   6
2   3   5   6   1
1   3   1   2   9
```

Programming

Chapter 18

# 포인터

Chapter 18

# 포인터

## 18.1 포인터(pointer)

프로그램 상에서 모든 변수는 메모리상에 저장되는 위치를 가진다. 그 메모리상의 위치를 주소(address)라고 한다. 포인터는 이러한 위치를 저장하는 변수로서 아래와 같이 선언하고 사용한다. 아래에서 선언된 ptName을 포인터 변수라고 하며, dataType 형의 변수의 주소를 저장한다.

**포인터 변수는 다른 변수의 주소를 저장한다.**

```
dataType *ptName;
```

아래의 코드에서 ptName에는 varName의 주소가 저장된다. 여기서 &는 주소연산자로서 피연산자의 주소를 결과로 가진다(15.6절 참고).

```
dataType varName;
```

```
dataType *ptName;
ptName = &varName;
```

프로그램 18-1은 포인터 변수에 변수의 주소가 저장되는 것을 보여주는 예로서, 8행에서 p에 data의 주소를 저장하였기 때문에, 10행과 11행의 출력이 같은 것을 볼 수 있다.

**프로그램 18-1** 포인터 변수 선언 (18_01.c)

```
1  #include <stdio.h>
2
3  int main()
4  {
5    int data = 10;
6    int *p;
7
8    p = &data;
9
10   printf("%p\n", &data);
11   printf("%p\n", p);
12
13   return 0;
14 }
```

**실행 결과**

```
0012FF44
0012FF44
```

## 18.2 간접 연산자(indirection operator)

아래와 같이 선언된 코드에서 x에 저장되는 10의 값을 주로 사용한다. 즉, x가 메모리의 어느 위치에 저장되었는지는 크게 중요하지 않다. 하지만, 포인터 변수는 x가 저장된 위치를 가지게 된다. 이때, 포인터 변수(p)가 x의 위치를 가지고 있다는 것은, 포인터 변수는 x를 가리키고 있다는 것을 의미한다.

```
int x = 10;
int *p;
p = &x;
```

포인터 변수가 다른 변수를 가리키고 있으므로, 포인터 변수가 가리키는 자료를 포인터 변수를 통해서 간접적으로 접근할 수 있다. 이때 사용되는 연산자 간접 연산자이고 아래와 같이 사용한다. 즉, 포인터에 *(간접 연산자)를 취하게 되면, 포인터가 가리키는 자료이다. 따라서 위의 코드에서 *p는 x를 의미한다.

**포인터에 간접 연산자를 취하면, 포인터가 가리키는 객체(변수 등)를 의미한다.**

```
*pointer
```

프로그램 18-2는 간접 연산자의 사용을 보여준 예로서, 8행에 의해 p는 data를 가리키게 된다(data의 주소를 저장함). 따라서 10행과 *p는 data를 의미하고, 여기서 20을 대입하였기에 data에 20이 대입된 결과를 확인할 수 있다.

**프로그램 18-2** 간접 연산자 (18_02.c)

```
1   #include <stdio.h>
2
3   int main()
4   {
5     int data = 10;
6     int *p;
```

```

    p = &data;

    *p = 20;
    printf("%d\n", data);
    printf("%d\n", *p);

    return 0;
}
```

**실행 결과**

```
20
20
```

포인터를 아래와 같이 초기화할 수 있는데, 이것은 포인터 변수 p를 생성하고, p에 &x를 대입하는 것이다. 즉, int *p에서 사용된 *는 간접 연산자가 아니고, 포인터 선언을 위한 기호이다.

```
int x = 10;
int *p = &x;
```

포인터 변수도 변수이기 때문에, 저장되는 주소(가리키는 변수)가 수정될 수 있다. 즉, 아래의 코드와 같이 p는 a를 가리키다가 필요에 따라서 b를 가리킬 수도 있다.

```
int a = 10, b = 20;
int *p = &a;
...
p = &b;
```

또한 여러 개의 포인터 변수가 아래와 같이 동일한 변수를 가리킬 수 있다. 여기서 *p1, *p2 및 *p3은 모두 x를 의미한다.

```
int x = 10;
int *p1 = &x, *p2 = &x, *p3 = &x;
```

## 18.3 void 포인터

프로그램 18-3은 각 포인터 변수의 크기와 각 자료형의 크기를 sizeof 연산자를 이용하여 출력한 것이다. 여기서 12~14행의 출력은 각 자료형의 크기로 출력되었으나 16~18행의 출력은 모두 4byte로 출력되었다. 이것은 모든 포인터가 자료의 첫 번째 주소를 저장하고 있기 때문이다. 그럼, int 형 포인터에 double 형 자료나 char 형 자료의 주소를 저장하면 어떻게 되는가? 자료형의 변환을 수행하면 저장할 수도 있지만, 간접 연산자를 통하여 가리키는 자료를 올바르게 접근할 수 없을 것이다. 즉, 포인터 변수의 크기는 자료형에 관계없이 동일하지만 자료형이 없다면 간접 연산자로 가리키는 자료를 접근할 수 없을 것이다.

**프로그램 18-3** 포인터 변수의 크기 (18_03.c)

```
1   #include <stdio.h>
2
3   int main()
4   {
5     int a = 10;
6     double x = 20;
7     char ch = 'A';
8
9     int *pA = &a;
10    double *pX = &x;
11
```

```
    printf("%d\n", sizeof(a));
    printf("%d\n", sizeof(x));
    printf("%d\n", sizeof(ch));

    printf("%d\n", sizeof(pA));
    printf("%d\n", sizeof(pX));
    printf("%d\n", sizeof(pCh));

    return 0;
  } char *pCh = &ch;

```

**실행 결과**

```
4
8
1
4
4
4
```

void 포인터는 자료형이 없는 포인터로서 아래와 같이 임의의 자료형의 주소를 저장할 수 있다. 하지만 형변환을 하지 않으면 간접 연산사로 가리키는 자료를 접근할 수 없다. 아래의 코드에서 (int *)p는 p를 int *로 형변환한 것이고, 다시 앞에 *(간접 연산자)를 취하여 int 형 x를 접근한 것이다. 따라서 아래의 코드를 수행하면 x는 20으로 수정된다.

**void 포인터는 모든 자료의 주소를 저장할 수 있으나,**
**간접 연산자로 가리키는 대상을 표현할 수 없다.**

```
int x = 10;
void *p = &x;
*(int *)p = 20;
```

## 18.4 포인터와 배열

아래와 같이 int 형 포인터 p에 int 형 배열의 이름을 대입하는 구문이 가능하다. 이것은 배열의 이름이 배열의 첫 번째 요소의 주소를 의미하기 때문이다. 즉, p = &x[0]과 동일하다.

```
int x[5] = {1, 2, 3, 4, 5};
int *p = x;
```

프로그램 18-4의 10행에서 포인터 변수와 정수의 덧셈을 수행하여 그 결과를 출력하였다. 그 결과는 우리가 알고 있는 일반 셈의 결과와는 다르다. 즉, 코드에서는 0, 1, 2, 3, 4를 더했으나, 결과는 4씩 증가하는 결과를 보인다. 이것은 포인터와 정수간의 덧셈(뺄셈)은 포인터이며 포인터 자료형에 따라 결과가 달라진다.

프로그램 18-4의 10행에서 p+i의 결과는 p가 의미하는 주소에 sizeof(int)*i를 더한 것이다. 만일 p가 double형의 자료를 가리키는 포인터라면 주소에 sizeof(double)*i를 더한 것이다. 뺄셈도 동일한 방법으로 해석할 수 있다.

**프로그램 18-4** 포인터와 정수 덧셈 (18_04.c)

```
1   #include <stdio.h>
2
3   int main()
4   {
5     int x[5] = {1, 2, 3, 4, 5};
6     int *p = x;
7     int i;
8
9     for(i = 0 ; i < 5 ; i++)
10      printf("%p\n", p+i);
```

```
  return 0;
}
```

**실행 결과**

```
0012FF34
0012FF38
0012FF3C
0012FF40
0012FF44
```

프로그램 18-4에서 p+1은 p에 sizeof(int)를 더한 것이므로 p+1이 의미하는 주소는 x[1]의 주소가 되다. 즉, p+i는 x[i]의 주소가 된다. 따라서 *(p+i)는 x[i]를 의미한다. 또 *p+i는 연산자 우선순위에 의해 p[0]+i가 된다.

위와 같은 특성을 이용하면, 프로그램 18-5와 같이 배열의 시작 주소를 포인터에 저장하여 배열의 요소들을 접근할 수 있다.

**프로그램 18-5** 포인터와 배열 (18_05.c)

```
#include <stdio.h>

int main()
{
  int x[5] = {1, 2, 3, 4, 5};
  int *p = x;
  int i;

  for(i = 0 ; i < 5 ; i++)
    printf("%d\n", *(p+i));

  return 0;
}
```

**실행 결과**

```
1
2
3
4
5
```

프로그램 18-5에서 p와 x가 의미하는 것이 &x[0]으로 동일한 주소이다. 따라서 *(p+i)는 p[i]로 사용할 수 있으며, x[i]도 *(x+i)로 사용할 수 있다.

***(p+i)는 p[i]와 동일하다(p는 포인터, i는 정수).**

C Programming C 프로그래밍 입문과 활용

# 연습문제 18

포인터

1. 포인터란 무엇이며, 무엇을 저장하는가?

2. 다음의 포인터 선언에서 오류를 설명하라.

```
int x;
int *p = x;
```

3. 다음의 포인터 선언에서 오류를 설명하라.

```
int x;
double *p = &x;
```

4. 다음의 포인터 선언에서 오류를 설명하라.

```
int x;
void *p = x;
```

5. 다음의 코드에서 오류를 설명하라.

```
int x;
void *p = &x;

printf("%d\n", *p);
```

6. 다음 코드의 동작을 설명하라.

```
int x = 10;
int *p = &x;

*p = 30;
printf("%d, %d", x, *p);
```

7. 다음 코드의 동작을 설명하라.

```
int x = 10;
void *p1 = &x;
int *p2 = p1;

printf("%d\n", *p2);
```

8. 다음 코드의 동작을 설명하라.

```
int ary[5] = {1, 2, 3, 4, 5};
int i;
int *p = &a[2];

for(i = -2 ; i < 3 ; i++)
  printf("%d\n", *(p+i));
```

9. 두 개의 정수형 자료를 한 개의 포인터로 번갈아 가면서 가리키며, 두 개의 정수를 출력하는 프로그램을 작성하라.

10. double 형 배열의 첫 번째 요소의 주소를 저장하는 포인터를 선언하고, 이 포인터를 이용하여 배열의 모든 요소를 출력하는 프로그램을 작성하라.

Chapter 19

# 포인터 응용

Chapter 19

# 포인터 응용

## 19.1 포인터와 함수

포인터 변수는 간접 연산자를 취하여 포인터가 가리키는 변수를 접근한다. 따라서 함수 내에서 변수를 이름을 직접 사용하는 것이 대부분이며, 변수의 주소를 포인터에 저장하고 포인터를 이용하여 가리키는 변수를 간접적으로 사용하는 경우는 드물다. 따라서 이와 같은 포인터는 대부분 함수의 매개변수나 반환값으로 사용된다. 또 포인터가 유용하게 사용될 수 있는 부분은 동적 메모리 할당으로 21장에서 다룰 것이다.

아래의 함수는 매개변수나 반환값에 포인터를 사용하지 않은 함수이다. 따라서 x는 매개변수이고 함수 호출에서 사용되는 인수와는 다른 변수이다. 즉, Fn1 함수에서 x는 1증가되었으나, Fn1 함수를 호출할 때 사용된 인수는 증가되지 않는다. 반환되는 값은 증가된 x값이다.

```
int Fn1(int x) {
  x++;
  return x;
}
```

아래의 함수는 매개변수가 포인터이다. 따라서 이 함수를 호출할 때, 전달되는 인수는 int 형 자료의 주소이다. 이 함수에서 *p는 p가 가리키는 자료이므로 인수로 사용된 변수를 의미한다. 따라서 이 함수에 전달된 변수가 1증가 된다. 반환되는 값은 함수로 전달된 값의 증가된 값이다.

```
int Fn2(int *p) {
  (*p)++;
  return *p;
}
```

아래의 함수는 위의 Fn2와 동일한 동작을 수행하며 반환값만 다르다. 함수의 원형에서 반환형이 int *로 지정되어 있으므로 포인터에 저장된 값을 반환한다. 따라서 반환되는 값은 인수로 받은 변수의 주소이다.

```
int *Fn3(int *p) {
  (*p)++;
  return p;
}
```

위에서 설명된 세 개의 함수의 동작을 확인하는 코드가 프로그램 19-1이다. 실행 결과에서 x1과 y1이 각각 10과 12로 출력되는 것은, Fn1을 호출할 때 x에 전달되는 것은 x1에 저장된 10이라는 값이다. 따라서 Fn1에서 x가 1증가되지만 x1은 관계없다. 또한 y1은 Fn1 함수에서 1증가된 11의 값을 받은 후 24행에 다시 1증가시키기 때문에 12가 된다.

x2와 y2의 출력은 각각 11과 12로 출력되는 것은, Fn2를 호출할 때 p에 전달되는 것은 x2의 주소 &x2이다. Fn2 함수에서 *p가 의미하는 것은 main 함수의 x2가 된다. 따라서 Fn2 함수에서 *p를 1증가시키므로, main의 x2가 1증가되어 11된다. y2가 12가 되는 것은 y1의 결과와 동일하다.

x3과 *pY3의 출력이 모두 12가 된다. x3의 Fn3에서의 처리는 Fn2와 동일하다. Fn3 함

수에서 p를 반환한다는 것은 x3의 주소를 반환하는 것이다. 따라서 반환의 결과가 대입되는 pY3에 x3의 주소가 저장된다. 따라서 *pY3을 1증가 시키는 것은 x3을 1증가 시키는 것이다.

**프로그램 19-1** 포인터와 함수 (19_01.c)

```
#include <stdio.h>

int Fn1(int x) {
  x++;
  return x;
}

int Fn2(int *p) {
  (*p)++;
  return *p;
}

int *Fn3(int *p) {
  (*p)++;
  return p;
}

int main()
{
  int x1 = 10, x2 = 10, x3 = 10;
  int y1, y2, *pY3;

  y1 = Fn1(x1);
  y1++;
  printf("%d, %d\n", x1, y1);

  y2 = Fn2(&x2);
  y2++;
  printf("%d, %d\n", x2, y2);

```

```
    pY3 = Fn3(&x3);
    (*pY3)++;
    printf("%d, %d\n", x3, *pY3);

    return 0;
}
```

**실행 결과**

```
10, 12
11, 12
12, 12
```

## 19.2 주소의 전달(pass by address)

프로그램 19-1에서 Fn1 함수의 x에 전달되는 것은 x1에 저장된 값이다. 이와 같이 값이 함수의 매개변수로 전달되는 것을 값의 전달(pass by value)라고 한다. 반면, Fn2 함수의 p에 전달되는 것은 x2의 주소(&x2)이다. 이와 같이 주소가 함수의 매개변수로 전달되는 것을 주소의 전달(pass by address)라고 한다.

주소를 함수의 인수로 전달하기 위해서는 프로그램 19-1과 같이 함수의 매개변수는 포인터로 선언되어야 한다. 또한 주소의 전달은 변수의 주소에 의해 인수로 전달된 변수를 수정할 수 있다. 예를 들어 두 변수의 값을 서로 교환하는 동작을 함수로 처리하고 싶다면, 두 변수의 주소를 인수로 받고 간접 연산자를 이용하여 인수로 전달된 변수를 수정할 수 있다. 프로그램 19-2는 이와 같이 주소의 전달에 의한 두 변수의 값을 교환하는 프로그램이다.

**주소의 전달(pass by address)을 이용하면,**
**인수로 전달된 변수(인수는 변수의 주소)의 값을 수정할 수 있다.**

**프로그램 19-2** 주소의 전달 (19_01.c)

```
#include <stdio.h>

void Exchange(int *p1, int *p2) {
  int t = *p1;
  *p1 = *p2;
  *p2 = t;
}

int main()
{
  int x1 = 10, x2 = 20;

  Exchange(&x1, &x2);

  printf("%d %d\n", x1, x2);

  return 0;
}
```

**실행 결과**

```
20 10
```

배열 전체를 함수로 전달하는 경우에 함수의 매개변수를 아래와 같이 선언했다. 하지만 여기서 a는 배열이 아니라 인수로 전달된 배열의 첫 번째 요소의 주소를 받는 것이므로 포인터로 선언하는 것과 동일하다.

```
void Fn(int x[]);  // void Fn(int *x);와 동일
```

## 19.3 이차방정식의 실근을 구하는 프로그램 2

7장에서 작성한 이차방정식의 실근을 구하는 프로그램을 함수 작성해 보자. 이차방정식을 표현하기 위해서는 세 개의 계수가 필요하고, 이 세 개의 변수를 이용하여 실근의 유무와 두 개의 실근의 세 개의 결과를 계산해야 한다. 이와 같은 동작을 함수로 작성한다면 세 개의 계수는 함수의 인수로 전달하고, 세 개의 결과는 함수의 반환으로 받아야 한다. 하지만, C의 함수에서 반환값은 항상 한 개 이하이다. 따라서 두 개의 결과는 반환값으로 가져올 수 없다. 이때 사용할 수 있는 방법이 함수의 호출에 사용된 인수로 결과를 가져오는 것이다. 따라서 실근의 유무는 반환값으로 가져오고, 두 실근은 주소의 전달에 의해 인수로 결과를 가져오게 하면 이 함수의 원형은 아래와 같다.

```
int Root(double a, double b, double c, double *pX1, double *pX2);
```

실근을 계산하는 방법은 7장과 같으며, 위의 Root 함수에서 프로그램 19-3과 같이 *pX1과 *pX2에 실근을 계산하여 저장한다.

**프로그램 19-3** 이차방정식의 실근을 구하는 함수 (19_03.c)

```
#include <stdio.h>
#include <math.h>

int Root(double a, double b, double c,
     double *pX1, double *pX2) {
  double D = b*b - 4*a*c;

  if(D < 0) return 0;

  *pX1 = (-b+sqrt(D))/(2*a);
  *pX2 = (-b-sqrt(D))/(2*a);
```

```

  return 1;
}

int main()
{
  double a, b, c;
  double x1, x2;

  scanf("%lf %lf %lf", &a, &b, &c);

  if(Root(a, b, c, &x1, &x2)) {
    printf("%lf\n", x1);
    printf("%lf\n", x2);
  }

  return 0;
}
```

**실행 결과 1**

```
1 3 2
-1.000000
-2.000000
```

**실행 결과 2**

```
1 1 1
```

## 19.4 삼각형의 면적을 구하는 프로그램 2

앞의 이차방정식의 실근을 구하는 함수와 같이 7장의 삼각형의 면적을 구하는 프로그램을 함수로 작성하자. 삼각형의 세 변에 의해 삼각형의 유무와 면적을 계산하다. 따라서 이 함수를 통해서 얻어올 결과는 두 가지이다. 따라서 면적은 인수에 저장하는 방식을 사용하면 이 함수의 원형은 아래와 같이 선언할 수 있다.

```
int CalcArea(double a, double b, double c, double *pArea);
```

CalcArea의 4번째 매개변수에는 면적을 저장할 변수의 주소가 전달하고, *pArea에 면적을 계산하여 프로그램 19-4와 같이 작성할 수 있다.

**프로그램 19-4** 삼각형의 면적을 구하는 함수 (19_04.c)

```
#include <stdio.h>
#include <math.h>

int CalcArea(double a, double b, double c, double *pArea) {
  double s;

  if(a <= 0 || b <= 0 || c <= 0 ||
    a >= b+c || b >= a+c || c >= a+b) return 0;

  s = (a+b+c)/2.0;
  *pArea = sqrt(s*(s-a)*(s-b)*(s-c));

  return 1;
}

int main()
{
  double a, b, c;
  double A;

  scanf("%lf %lf %lf", &a, &b, &c);

  if(CalcArea(a, b, c, &A))
    printf("Area: %lf\n", A);
  else
```

```
        printf("Invalid triangle\n");

    return 0;
}
```

**실행 결과 1**

```
3 4 5
Area: 6.000000
```

**실행 결과 2**

```
4 7 9
Area: 13.416408
```

**실행 결과 3**

```
1 2 10
Invalid triangle
```

면적은 항상 0보다 크기 때문에 프로그램 19-4는 주소의 전달을 사용하지 않고 아래와 같이 한 개의 반환값을 사용할 수 있다. 여기서, 반환값은 삼각형의 면적이고, 삼각형이 아닌 경우에는 0이하의 값을 반환한다.

```
double CalcArea(double a, double b, double c);
```

C Programming C 프로그래밍 입문과 활용

# 연습문제 19

포인터 응용

1. 값의 전달과 주소의 전달을 비교 설명하라.

2. 다음 프로그램의 문제점에 대해 설명하라.

```
void Ex(int *p) {
  *p = 10;
}

int main() {
  int x = 20;
  Ex(x);

  return 0;
}
```

3. 다음 프로그램의 문제점에 대해서 설명하라.

```
void Ex(int *p) {
  p = 10;
}

int main() {
  int x = 20;
  Ex(&x);

  return 0;
}
```

4. 다음 프로그램의 동작을 설명하라.

```
#include <stdio.h>
void Fn(int *p1, int *p2) {
  *p1 = 20;
  *p2 = 30;
}

int main() {
  int x = 10, y = 20;

  Fn(&x, &y);
  printf("%d, %d\n", x, y);

  retrun 0;
}
```

5. 다음 프로그램의 동작을 설명하라.

```
#include <stdio.h>

int *MaxPos(int *p1, int *p2) {
  return (*p1 > *p2 ? p1 : p2);
}

int main() {
  int x = 10, y = 20;
  int *p;

  p = MaxPos(&x, &y);
  printf("%d\n", *p);

  *p = 100;
  printf("%d, %d\n", x, y);

  return 0;
}
```

6. 삼각형의 두 변과 그 끼인각의 매개변수로 받아서, 그 삼각형의 면적을 주소의 전달로 계산하는 함수를 작성하라. 이 함수는 끼인각이 90도보다 작으면 참을 반환하고, 90도보다 크면 거짓을 반환한다.

7. double 형 배열의 평균과 표준 편차를 계산하는 하나의 함수를 작성하라.

Programming

Chapter 20

# 고급 포인터

Chapter 20

# 고급 포인터

## 20.1 포인터의 포인터(pointer to pointer)

포인터 변수의 주소를 저장하는 형식을 포인터의 포인터라고 한다. 아래의 코드에서 p는 int 형 포인터로서 x의 주소를 가지고 있다. 이와 같은 p의 주소를 저장하는 포인터를 포인터의 포인터(포인터를 가리키는 포인터, 포인터의 주소를 저장하는 포인터)라고 한다.

```
int x = 10;
int *p = &x;
```

포인터의 포인터는 포인터(dataType *)의 포인터이므로 포인터형에 *를 하나 더 추가하여 아래와 같이 선언한다.

```
dataType **ptName;
```

아래와 같이 포인터의 포인터(pp)에는 포인터의 주소를 저장할 수 있다.

```
int x = 10;
int *p = &x;
int **pp = &p;
```

위의 코드에서 *p가 x를 의미하는 것과 같이, pp는 p를 가리키므로 *pp는 p를 의미한다. 또한 **pp = *(*pp) = *p = x 이므로 pp를 통하여 x도 접근할 수 있다. 이와 같은 포인터는 계속 확정될 수 있다. 즉 아래의 ppp는 pp와 같은 포인터의 포인터의 주소 저장하는 변수이다.

```
int x = 10;
int *p = &x;
int **pp = &p;
int ***ppp = &pp;
```

## 20.2 포인터 배열(array of pointer)

포인터 배열은 포인터를 요소로 가지는 배열을 의미하고, 그 선언은 아래와 같다. 아래의 선언에 의해 arrayName의 배열이 생성되며, 배열의 크기는 arraySize이고, 각 요소들은 dataType 형 포인터(dataType *)이다.

```
dataType *arrayName[arraySize];
```

아래와 같이 선언된 a는 크기가 5인 배열이고, a[0]~a[4]에 int *(int형 주소)가 저장된다.

```
int *a[5];
```

## 20.3 포인터 배열을 이용한 정렬

16장에서 배열을 자료를 정렬할 때, 정렬하기 전의 자료가 수정되어 정렬되었다. 여기서는 그림 20-1과 같이 정렬할 배열의 요소를 각각 가리키는 포인터 배열을 이용하여, 정렬한 자료는 수정하지 않고 포인터를 수정하여 포인터에 정렬된 주소를 가지도록 하자.

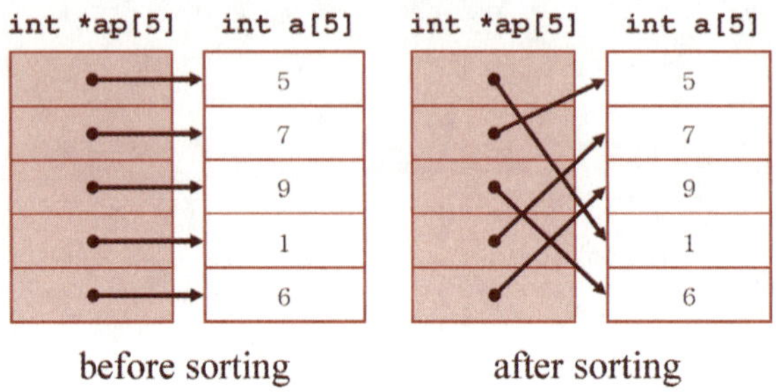


그림 20-1 포인터 배열을 이용한 정렬

먼저 a의 각 요소를 가리키는 포인터 배열(ap)이 선언되고, 처음에는 차례대로 주소가 저장되어야 한다. 정렬에 비교되는 자료는 ap의 요소(ap[i])가 가리키는 자료이며, 순서가 바뀌는 것도 ap의 요소이다. 따라서 프로그램 20-1의 13행과 같이 비교는 ap의 요소에 간접 연산자를 취하여 ap의 요소가 가리키는 자료이고, 16~18행과 같이 순서가 바뀌는 것은 ap의 요소이다. 여기서 ap의 요소를 임시로 저장하는 변수 t는 ap의 요소와 같은 자료형이어야 하므로 6행과 같이 int *로 선언해야 한다. 실행 결과에서 정렬 후에 a의 순서는 바뀌지 않았지만, ap가 가리키는 순서가 바뀐 것을 확인할 수 있다.

**프로그램 20-1** 포인터 배열을 이용한 정렬 (20_01.c)

```
1  #include <stdio.h>
2  #include <stdlib.h>
3  #include <time.h>
```

```

void Sort(int *ap[], int size) {
  int i, k, minIndex;
  int *t;

  for(k = 0 ; k < size-1 ; k++)
  {
    minIndex = k;
    for(i = k+1 ; i < size ; i++)
      if(*ap[i] < *ap[minIndex]) minIndex = i;

    if(minIndex != k) {
      t = ap[k];
      ap[k] = ap[minIndex];
      ap[minIndex] = t;
    }
  }
}


int main()
{
  int a[10], *ap[10];
  int i;

  srand((unsigned)time(0));
  for(i = 0 ; i < 10 ; i++)
  {
    ap[i] = &a[i];
    printf("%d\t", a[i] = rand()%100);
  }

  Sort(ap, 10);

  printf("\n");
  for(i = 0 ; i < 10 ; i++)
    printf("%d\t", a[i]);

```

```
    printf("\n");
    for(i = 0 ; i < 10 ; i++)
      printf("%d\t", *ap[i]);

    return 0;
}
```

**실행 결과**

```
13    72    86    73    70    82    8     98    28    42

13    72    86    73    70    82    8     98    28    42

8     13    28    42    70    72    73    82    86    98
```

## 20.4 배열 포인터(pointer to array)

배열 포인터는 배열을 가리키는 포인터로서 아래와 같이 선언하고 사용한다. ptName은 포인터 변수이며, dataType [arraySize]의 배열을 가리킨다.

```
dataType (*ptName)[arraySize];
```

아래와 같이 p는 int [10]의 배열의 주소를 저장하는 포인터이므로, a의 주소를 저장한다.

```
int a[10];
int (*p)[10] = &a;
```

위의 코드에서 p에 저장된 것은 &a이므로, *p는 a가 된다. 따라서 (*p)[i]는 a[i]를 의미한다.

아래와 같이 배열 포인터에는 이차원 배열의 이름을 지정할 수 있는데, 이것은 이차원 배열의 이름이 첫 번째 일차원 배열의 주소(&a[0])를 의미하기 때문이다.

```
int a[3][10];
int (*p)[10] = a;
```

위의 코드에서 *p가 a[0]을 의미하므로, (*p)[i]는 a[0][i]가 된다. 또한 (*(p+j))[i]는 p[j][i]로 사용할 수 있으며 a[j][i]와 동일하다.

이차원 배열 전체를 함수로 전달할 때, 함수의 매개변수를 아래와 같이 선언했는데 이것은 배열 포인터를 의미하므로 배열 포인터로 매개변수를 지정하는 것도 가능하다.

```
void Fn(int x[][10]); // void Fn(int (*x)[10]);와 동일
```

C Programming C 프로그래밍 입문과 활용

# 연습문제 20.

고급 포인터

1. 포인터의 포인터, 포인터 배열과 배열 포인터의 차이점을 설명하라.

2. 다음 코드의 문제점을 설명하라.

```
int x = 10;
int *p = &x;
int **pp = &x;
```

3. 다음 코드의 문제점을 설명하라.

```
int x = 10, y = 20;
int *p;
int **pp = &p;
p = &x;

*pp = y;
```

4. 다음 코드의 문제점을 설명하라.

```
int a1[3];
int *a2[3] = &a1;
```

5. 다음 코드의 문제점을 설명하라.

```
int a[3] = {1, 2, 3};
```

```
int (*p)[3] = {&a[0], &a[1], &a[2]};
```

6. 다음 코드에서 *p, *pp, **pp, *ppp, **ppp, ***ppp의 자료형을 설명하라.

```
int x = 10;
int *p = &x;
int **pp = &p;
int ***ppp = &pp;
```

7. 다음 코드의 동작을 설명하라.

```
int a[3] = {1, 2, 3};
int (*p)[3] = &a;
int i;

for(i = 0 ; i < 2 ; i++)
  printf("%d\n", (*p)[i]);
```

8. 다음 코드의 동작을 설명하라.

```
int a[3] = {1, 2, 3};
int (*p)[3] = &a;
int i;

for(i = 0 ; i < 2 ; i++)
  printf("%d\n", p[0][i]);
```

9. 다음 코드의 동작을 설명하라.

```
int a[2][3] = {{1, 2, 3}, {4, 5, 6}};;
int (*p)[3] = a;
int i;

for(i = 0 ; i < 2 ; i++)
  printf("%d\n", p[1][i]);
```

10. 다음 코드의 동작을 설명하라.

```
int a[3] = {1, 2, 3};
int *ap[3] = {&a[0], &a[1], &a[2]};
int i;

for(i = 0 ; i < 3 ; i++)
  *ap[i] *= 2;

for(i = 0 ; i < 3 ; i++)
  printf("%d\n", a[i]);
```

11. 다음과 같은 동작을 처리하는 MaxPos 함수를 작성하라.

```
int x = 10, y = 20;
int *p;

MaxPos(&x, &y, &p); // p가 큰 값을 가진 y를 가리키게 됨
*p = 50;

printf("%d\n", y); // 50출력
```

12. 프로그램 20-1의 Sort 함수를 double 배열에 대해 처리가 가능하도록 수정하라.

# Chapter 21

# 다양한 포인터 기능

Chapter 21

# 다양한 포인터 기능

## 21.1 동적 메모리 할당(dynamic memory allocation)

변수의 자료형과 크기는 코드에 직접 작성되어 컴파일 시간에 결정된다. 이러한 메모리 할당을 **정적 메모리 할당**(static memory allocation)이라고 한다. 이와 다르게 실행 시간에 변수의 자료형과 크기를 할당하는 것을 **동적 메모리 할당**(dynamic memory allocation)이라고 한다. C 언어서 동적 메모리 할당과 해제는 아래의 malloc과 free 함수를 이용한다.

```
void *malloc(size_t size);
void free(void *ptr);
```

이 함수들은 <stdlib.h>에 선언되어 있으며, 아래와 같이 사용한다. 만일 dataType의 변수가 한 개 필요하다면 malloc의 인수로 sizeof(dataType)만 전달하고, dataType의 변수가 연속적으로 여러 개(배열 구조)가 필요하다면 아래와 같이 개수(n)를 곱하여 할당한다. 동적 할당된 자료의 시작 주소가 malloc의 반환값이므로 pointer에 간접 연산자나 첨자 연산자를 이용하여 할당된 변수를 접근할 수 있다.

```
pointer = (dataType *)malloc(sizeof(dataType)*n);
free(pointer);
```

동적 할당된 변수는 지역 변수와 다르게 해제하지 않으면 계속 할당된 영역이 남아 있다. 따라서 동적 할당된 변수의 사용이 종료되었다면 반드시 free 함수를 이용해서 할당을 해제해야 한다.

**동적 할당된 변수는 사용 후에 해제해야 한다.**

프로그램 21-1은 동적 메모리 할당에 의해 실행 시간에 생성할 배열의 크기를 입력받아서, 그 크기의 배열을 생성하는 프로그램이다. 13행의 메모리 할당에 의해 int 형으로 크기가 n인 배열이 생성된다. 따라서 13행 이후부터는 p[0]부터 p[n-1]의 요소의 사용이 가능하다. 동적 할당된 변수의 사용이 22행 이전에 종료되어 22행에서 free 함수를 이용하여 해제하였다.

**프로그램 21-1** 동적 메모리 할당 (21_01.c)

```
1  #include <stdio.h>
2  #include <stdlib.h>
3  #include <time.h>
4
5  int main()
6  {
7    int *p;
8    int n, i;
9
10   srand((unsigned)time(0));
11
12   scanf("%d", &n);
13   p = (int *)malloc(sizeof(int)*n);
```

```

    for(i = 0 ; i < n ; i++)
    {
      p[i] = rand()%100;

      printf("%d\n", p[i]);
    }

    free(p);

    return 0;
  }
```

**실행 결과 1**

```
3
31
33
85
```

**실행 결과 2**

```
5
77
71
39
65
29
```

프로그램 21-1과 같이 동적 메모리 할당을 이용하면 메모리를 효율적으로 사용할 수 있다. 만일 음악 파일을 처리하는 프로그램에서 동적 메모리 할당을 이용하지 않는다면, 1초짜리 음악 파일이나 100분짜리 음악 파일의 내용을 메모리에 로드할 때, 모두 동일한 크기의 배열을 사용할 것이다. 따라서 1초짜리 음악은 메모리가 비효율적으로 관리된다. 또한 배열의 크기를 100분에 설정해 놓았다면 이보다 큰 파일은 읽을 수 없을 것이다. 하지만 동적 메모리 할당을 이용하면 1초짜나 100분짜리나 그 이상도 모두 필요한 만큼의 메모리만 사용하게 할 수 있다.

## 21.2 이차원 메모리 할당

이차원 배열과 같이 사용될 수 있도록 이차원 구조의 메모리 할당이 가능하다. 이 방법은 이차원 배열과 같이 1차원 배열의 배열로 할당하는 방법과 일차원 배열을 각각 할당하는 방법이 있다.

먼저 2×3의 구조를 가지는 정수형 2차원 배열을 배열의 배열로 할당하는 방법을 생각해 보자. 크기가 3인 일차원 배열을 배열로 할당하는 것이므로, 아래와 같은 크기의 메모리가 필요할 것이다.

```
sizeof(int [3])*2
```

또한 이 자료는 int [3]의 배열이므로 int [3]을 저장할 수 있는 배열의 포인터에 저장되어야 한다. 따라서 배열의 배열로 2×3의 정수형 배열의 할당은 아래와 같이 처리 될 수 있다.

```
int (*p)[3];
p = (int (*)[3])malloc(sizeof(int [3])*2);
```

위와 같이 할당된 자료는 p[0][0]부터 p[1][2]까지의 요소의 사용이 가능하다. 하지만 위와 같은 메모리 할당에서 실행 시간에 n×3의 할당이 가능하다. 즉, 3의 크기는 1차원 배열의 크기이므로 컴파일 시간에 결정되어야 하므로 상수여야 한다.

**일차원 배열의 배열로 이차원 배열을 동적 메모리 할당하는 경우에는 행과 열의 크기를 모두 실행 시간에 지정할 수 없다.**

하지만, 일차원 배열을 각각 할당하는 경우에는 행과 열의 크기를 모두 실행 시간에 지정할 수 있다. 2×3의 구조를 가지는 정수형 2차원 배열을 int [3]으로 각각 할당하는 것은 아래와 같이 처리할 수 있다.

```
for(i = 0 ; i < 2 ; i++)
  malloc(sizeof(int)*3);
```

이때, 위의 malloc의 결과가 1차원 배열이므로 int *에 저장되어야 한다. 하지만 2의 크기를 실행 시간에 결정하기 위해서는 int * 형의 변수 2개도 동적으로 할당되어야 한다. 따라서 위의 처리를 수행하기 전에 먼저 아래의 처리가 수행되어야 한다.

```
malloc(sizeof(int *)*2);
```

위의 malloc의 결과는 int *의 주소이므로, 아래와 같이 포인터의 포인터에 저장되어야 한다.

```
int **p;
p = (int **)malloc(sizeof(int *)*2);
```

위의 할당으로 p[0]과 p[1]은 int *이므로 int 형 배열의 시작 요소의 주소를 저장할 수 있다. 따라서 일차원 배열을 각각 할당한 것은 아래와 같이 p[i]에 저장되어야 한다.

```
for(i = 0 ; i < 2 ; i++)
  p[i] = malloc(sizeof(int)*3);
```

따라서 이차원 배열을 일차원 배열을 각각 할당하는 형식은 아래와 같으며 int 형 배열과 int * 형 배열이 모두 실행 시간에 할당되므로 이차원 배열의 행과 열의 크기를 모두 실행 시간에 지정할 수 있다.

```
int **p;
p = (int **)malloc(sizeof(int *)*2);
for(i = 0 ; i < 2 ; i++)
  p[i] = malloc(sizeof(int)*3);
```

위와 같이 할당된 공간은 p의 배열을 먼저 해제하면 p[i]의 배열의 주소를 알지 못하므로 할당의 역순으로 p[i]부터 아래와 같이 해제해야 한다.

```
for(i = 0 ; i < 2 ; i++)
  free(p[i]);
free(p);
```

**일차원 배열을 각각 동적 메모리 할당하는 경우에는 행과 열의 크기를 모두 실행 시간에 지정할 수 있다.**

## 21.3 함수 포인터(function pointer)

함수를 가리키는 포인터를 **함수 포인터**라고 하며, 아래와 같이 선언하고 사용한다. 함수 포인터는 함수를 가리키므로 함수 포인터로 가리키는 함수를 호출할 수 있다. 또한 함수 포인터는 포인터형 변수와 같이 매개변수로 사용될 수 있다. 함수 포인터가 매개변수로 사용되면, 함수를 호출할 때, 다른 함수를 인수로 전달할 수 있다.

```
returnType (*fnPtName)(parameterList);
```

아래의 Fn 함수를 함수 포인터에 저장하려면, Fn 함수의 매개변수와 반환형이 동일한 함수 포인터(fp)를 선언하고, Fn 함수를 대입한다. 아래의 코드에서 함수 포인터 fp는 함수 Fn을 가리키므로, fp는 Fn과 동일하게 사용할 수 있다.

```
int Fn(int x, double y);
int (*fp)(int, double) = Fn;

fp(x, y); //Fn(x, y)와 동일
```

프로그램 21-2는 함수 포인터의 사용을 예이다. 13행에 선언된 Operation 함수의 세 번째 매개변수는 두 개의 정수형 매개변수와 정수형 반환값을 가지는 함수 포인터이다. 따라서 21, 22행과 같이 Add와 Multiply 함수를 인수로 지정하여 사용하였다. 이때, 15행의 fp(x, y)는 인수로 전달된 Add(x, y)와 Multiply(x, y)로 처리된다.

**프로그램 21-2** 함수 포인터의 사용 (21_02.c)

```
1  #include <stdio.h>
2
3  int Add(int x, int y)
4  {
5    return x+y;
6  }
7
8  int Multiply(int x, int y)
9  {
10   return x*y;
11 }
12
13 int Operation(int x, int y, int (*fp)(int, int))
14 {
15   return fp(x, y);
16 }
```

```

int main() {
  int x = 20, y = 10;

  printf("%d\n", Operation(x, y, Add));
  printf("%d\n", Operation(x, y, Multiply));

  return 0;
}
```

**실행 결과**

```
30
200
```

## 22.4 NULL

NULL은 C에서 정의된 상수로 무효 포인터 상수이다. 이것은 포인터가 가리키고 있는 대상이 없음을 표현할 때 주로 사용된다. 따라서 아래와 같이 포인터를 NULL로 초기화하고, 가리키고 있는 대상의 유무를 판별할 수 있다.

```
int *p = NULL;
p = new int;

if(p) {
  // p가 가리키는 대상이 있는 경우의 처리
}
```

위의 예와 같이 NULL은 거짓이므로 정수 0의 의미를 가진다. 또한 null 문자(ASCII 0번 문자)로 표현할 수 있기 때문에 '\0'도 같은 표현이다. 하지만, 포인터에서 빈 포인터를 지정할 때는 0보다 명확한 구분을 위하여 '\0'나 NULL을 사용하는 것이 좋다.

앞에서 사용한 아래의 원형을 가지는 time 함수에서 현재 시간을 얻어올 때, time(0)으로 호출하였는데, 이때, 현재 시간을 저장할 대상이 있는 경우에는 timer에 time_t 변수의 주소를 전달하고, 대상이 없는 경우에는 NULL을 사용한다. 따라서 현재 시간을 얻어올 때, time(NULL)을 사용하는 것이 보다 명확한 표현이다.

```
time_t time(time_t *timer);
```

C Programming C 프로그래밍 입문과 활용

# 연습문제 21.

다양한 포인터 기능

1. 동적 메모리 할당과 변수 선언의 차이를 설명하라.

2. 함수 포인터의 선언과 사용에 대해 설명하라.

3. 다음 코드의 문제점에 대해 설명하라.

```
int *p;
p = malloc(int);
```

4. 다음 코드의 문제점에 대해 설명하라.

```
double *p;
p = malloc(sizeof(double));

p[0] = 10;
p[1] = 20;
```

5. 다음 코드의 문제점에 대해 설명하라.

```
double *p;

free(p);
```

6. 다음 프로그램의 문제점에 대해 설명하라.

```
#include <stdio.h>
#include <stdlib.h>

void IntMalloc(int *p, int size) {
  p = (int *)malloc(sizeof(int)*size);
}

int main() {
  int *p;
  int i;

  IntMalloc(p, 10);
  for(i = 0 ; i < 10 ; i++)
    p[i] = i;

  return 0;
}
```

7. 다음 프로그램의 동작을 설명하라.

```
#include <stdio.h>
#include <stdlib.h>

int *IntMalloc(int size) {
  int *p;
  p = (int *)malloc(sizeof(int)*size);

  return p;
}

int main() {
  int *p;
  int i;

  p = IntMalloc(10);
```

```
  for(i = 0 ; i < 10 ; i++)
    p[i] = i;

  return 0;
}
```

8. 다음 프로그램의 동작을 설명하라.

```
#include <stdio.h>

int Max(int x, int y)
{
  return (x>y?x:y);
}

int Min(int x, int y)
{
  return (x>y?y:x);
}

int Operation(int x, int y, int (*fp)(int, int))
{
  return fp(x, y);
}

int main() {
  int x = 20, y = 10;

  printf("%d\n", Operation(x, y, Max));
  printf("%d\n", Operation(x, y, Min));

  return 0;
}
```

9. 두 정수형 배열을 함수의 매개변수로 받아서, 각 인덱스의 요소 중에서 큰 요소를 동적 메모리 할당된 배열에 저장해서 반환하는 함수를 작성하라.

10. 다음의 함수 호출에서, int 형으로 size만큼 동적 메모리 할당한 시작 주소가 p에 저장될 수 있도록 IntMalloc 함수를 정의하라.

```
IntMalloc(&p, size);
```

11. 다음의 함수 호출에서, p가 int 형 n×m의 이차원 자료를 가리킬 수 있도록 IntMalloc2D 함수를 정의하라.

```
int **p;
int n, m;
scanf("%d %d", &n, &m);
p = IntMalloc2D(n, m);
```

Programming

Chapter 22

# 문자열

Chapter 22

# 문자열

## 22.1 가변 길이 문자열

문자가 여러 개 있는 것을 문자열(string)라고 하며, 이러한 문자열은 아래와 같이 문자형 배열로 작성할 수 있다.

```
char str[100];
```

위와 같이 배열의 크기를 100으로 지정하면 str에 저장되는 문자열은 모두 길이가 100을 가져야 한다. 만일 str에 사람의 이름을 저장한다면, 이름에 사용된 문자의 개수는 사람마다 다를 것이다. 따라서 정확한 문자열을 표현하기 위해서는 최대 크기를 100으로 지정하더라도 실제 문자열을 구분할 기능이 있어야 한다. 이와 같이 실제 문자열의 길이가 가변적으로 작성될 수 있는 문자열이 가변 길이 문자열이며, 문자열 길이를 저장하는 변수를 사용하거나 구분 문자(delimiter)를 사용한다. 문자열 길이를 저장하는 변수를 사용하는 것은 다른 변수가 필요하므로 사용하기 불편하다. 하지만 구분 문자를 사용하는 것은 문자열 내에 문자열의 끝을 의미하는 문자를 지정하는 것으로 문자열 배열로만 가변 길이 문자열을 표현할 수 있다. C에서 사용되는 가변 길이 문자열은 구분 문자를 이용하며,

null 문자(NULL, '\0')를 구분 문자로 사용한다. 따라서 아래와 같이 str을 초기화하면 str에 저장되는 문자열은 "ABC"이다.

```
char str[100] = {'A', 'B', 'C', '\0'};
```

배열을 초기화할 때, 배열의 크기보다 작은 개수로 초기화하면 나머지는 0으로 초기화 된다. 따라서 그림 22-1과 같이 초기화하더라도 str[11]에 NULL이 저장된다.

**문자열의 마지막은 항상 NULL ('₩0')이다.**

```
char str[15] = {'P', 'r', 'o', 'g', 'r', 'a',
                'm', 'm', 'i', 'n', 'g'};
```

| P | r | o | g | r | a | m | m | i | n | g | \0 | | | |
|---|---|---|---|---|---|---|---|---|---|---|---|---|---|---|

그림 22-1 가변 길이 문자열

앞에서 문자열 상수를 큰따옴표("")를 이용하여 표현하였다. 이것도 가변 길이 문자열 상수로서 마지막에 null 문자를 가진다. 따라서 그림 22-1의 초기화는 아래와 같이 표현할 수 있다.

```
char str[15] = "Programming";
```

형식 명세 "%s"를 이용하여 문자열을 입력받고 출력할 수 있다. 프로그램 22-1은 문자열의 입출력을 scanf와 printf 함수를 이용하여 작성한 것이다. 두 함수에서 모두 문자열 처리를 위하여 형식 명세가 "%s"가 이용되었으며, 문자열을 지정하는 배열의 이름은 첫 번째 요소의 시작 주소이기 때문에, scanf에서 문자열 이름 앞에 &를 취하지 않는다. 실행 결과에서 첫 번째 결과는 입력한 문자열이 제대로 저장되어 출력되었지만, 두 번째 결과는 그렇지 않다. 이것은 문자열 입력에서 사용된 공백(space)이 입력 자료의 구분으로 사용되었기 때문이다.

**프로그램 22-1** 문자열의 입출력 1 (22_01.c)

```
#include <stdio.h>

int main() {
  char name[100];

  scanf("%s", name);
  printf("%s\n", name);

  return 0;
}
```

**실행 결과 1**

```
Lee
Lee
```

**실행 결과 2**

```
D. Lee
D.
```

프로그램 22-1의 실행 결과 2에서 "D. Lee"를 모두 입력받기 위해서는 아래의 gets 함수를 사용한다. gets 함수의 매개변수 s는 입력받을 문자열이고, EOF나 새 줄 문자(new-line character)가 입력될 때까지 문자열을 읽는다. 성공적으로 입력되면 반환값이 s이며, 만일 EOF 입력이나 입력이 없다면 NULL을 반환하다. 이 함수는 입출력에 관계된 함수이므로 <stdio.h>에 선언되어 있다.

```
char *gets(char *s);
```

따라서 프로그램 22-1의 6행을 gets 함수의 사용으로 바꾸면, 프로그램 22-2와 같이 공백을 포함하여 문자열을 입력 받을 수 있다.

**프로그램 22-2** 문자열의 입출력 2 (22_02.c)

```
#include <stdio.h>

int main() {
  char name[100];

  gets(name);
  printf("%s\n", name);

  return 0;
}
```

**실행 결과 1**

```
Lee
Lee
```

**실행 결과 2**

```
D. Lee
D. Lee
```

## 22.2 문자열 처리 함수

아래와 같이 문자열을 대입 연산자를 이용하여 처리하는 것은 불가능하다. str은 배열의 이름이기 때문에 첫 번째 요소의 주소이다. 따라서 아래와 같은 대입 구문은 str의 첫 번째 요소를 수정하는 동작이므로 처리될 수 없다.

```
char str[100];
str = "Programming";   // error
```

**문자열의 내용은 대입 연산자로 수정할 수 없다.**

위와 같은 동작을 수행하기 위해서는 대입 연산의 오른쪽의 문자열의 요소를 '\0'까지 반복문을 통하여 하나씩 오른쪽 문자열의 요소에 대입해야 한다. 이러한 문자열의 복사는 프로그램 22-3의 StrCpy와 같이 작성할 수 있다. StrCpy는 str2의 문자열을 str1에 복사하는 함수이다. 따라서 0번 인덱스부터 null 문자까지 요소 대 요소로 복사를 수행한다.

**프로그램 22-3** 문자열 복사 (22_03.c)

```
#include <stdio.h>

void StrCpy(char *str1, const char *str2) {
  int i = 0;
  do {
    str1[i] = str2[i];
  }while(str1[i++]);
}

int main() {
  char str[100];

  StrCpy(str, "Programming");
  printf("%s\n", str);



  return 0;
}
```

**실행 결과**

```
Programming
```

표 22-1 문자열 처리 표준 라이브러리 함수

| 함수의 원형 | 설명 |
|---|---|
| `void *memcpy(void *s1, void *s2, size_t n);` | s2의 n개의 문자(n byte)를 s1에 복사 (s1 반환) |
| `char *strcpy(char *s1, const char *s2);` | s2의 문자열을 s1에 복사 (s1 반환) |
| `char *strncpy(char *s1, const *s2, size_t n);` | s2의 n개의 문자를 s1에 복사 (s1 반환) |
| `char *strcat(char *s1, const char *s2);` | s2의 문자열을 s1의 문자열 뒤에 복사 (s1 반환) |
| `char *strncat(char *s1, const char *s2, size_t n);` | s2의 n개의 문자를 s1의 문자열 뒤에 복사 (s1 반환) |
| `int strcmp(const char *s1, const char *s2);` | s1과 s2의 문자열 비교 (s1 < s2: 0보다 작은값, s1 == s2: 0, s1 > s2: 0보다 큰 값 반환) |
| `int strncpm(const char *s1, const char *s2, size_t n);` | s1과 s2를 n 문자까지 비교 (반환값은 strcmp와 동일) |
| `char *strchr(const char *s, int c);` | s에서 첫 번째 발견된 c(문자)의 주소를 반환 |
| `char *strstr(const char *s1, const str *s2);` | s1에서 첫 번째 발견된 s2의 주소를 반환 |
| `void *memset(void *s, int c, size_t n);` | s의 n개의 문자(n btye)를 c(문자, unsigned char)로 복사 |
| `size_t strlen(const char *s);` | s의 문자열 길이를 반환 |

프로그램 22-3은 사용자 정의 함수로 작성된 것이다. 하지만 문자열 처리를 위해서는 이러한 함수들이 필요할 것이다. 그래서 C에서는 문자열 처리를 위해, 문자열 복사는 물론이고 그 외의 다양한 문자열 처리 함수들을 표 22-1과 같이 라이브러리로 제공한다. 이 문자열 처리 함수들은 <string.h>에 선언되어 있다. 표 22-1에서 size_t는 크기를 나타내는 부호 없는 정수형이다.

프로그램 22-4는 표 22-1의 함수들을 사용한 예제이다. 8행과 9행의 결과는 문자열의 길이이고, 11행의 strcmp는 사전식 순서로 문자열을 비교한다. 즉, "A" < "B"이고 "Aa" < "Ab"이다. 16행의 strcat는 기존의 문자열에 다른 문자열을 추가한 것이고, 19행의 strcpy는 프로그램 22-3에서 작성한 StrCpy와 동일한 기능을 수행하는 함수이다. 22행의 strchar은 str1에서 'i'가 처음 발견되는 요소의 주소를 반환한다. 따라서 str1으로 빼주면 'i'가 처음 발견되는 요소의 인덱스가 된다.

**프로그램 22-4** 문자열 처리 함수의 사용 (22_04.c)

```
1   #include <stdio.h>
2   #include <string.h>
3
4   int main() {
5     char str1[20] = "Computer", str2[20] = "Programming";
6     int cmp;
7
8     printf("strlen(\"%s\"): %d\n", str1, strlen(str1));
9     printf("strlen(\"%s\"): %d\n", str2, strlen(str2));
10
11    cmp = strcmp(str1, str2);
12    if(cmp < 0) printf("%s < %s\n", str1, str2);
13    else if(cmp == 0) printf("%s == %s\n", str1, str2);
14    else printf("%s > %s\n", str1, str2);
15
16    strcat(str1, str2);
17    printf("str1 <- str1 + str 2: %s\n", str1);
18
```

```
    strcpy(str2, str1);
    printf("str2 <- str1: %s\n", str2);

    printf("str1[%d] = %c\n", strchr(str1, 'i') - str1, 'i');

    return 0;
}
```

**실행 결과**

```
strlen("Computer"): 8
strlen("Programming"): 11
Computer < Programming
str1 <- str1 + str 2: ComputerProgramming
str2 <- str1: ComputerProgramming
str1[16] = i
```

## 22.3 sscanf/sprintf

sscanf와 sprintf 함수는 자료를 받거나 출력할 대상을 문자열로 처리하는 함수이다. 따라서 이 함수는 아래와 같이 scanf와 printf와 달리 매개변수를 한 개 더 가진다. 추가된 이 매개변수는 첫 번째 매개변수로 문자열을 받으며, 그 문자열의 자료를 읽거나 그 문자열에 자료를 출력한다. 이 함수들은 입출력과 관련된 함수이므로 <stdio.h>에 선언되어 있다.

```
int sprintf(char *s, const char *format, ...);
int sscanf(const char *s, const char * format, ...);
```

프로그램 22-5는 sscanf와 sprintf를 사용한 예로서, 9행에서 여러 자료들을 str에 문자열로 저장하고 11행에서는 문자열의 자료들을 실수, 정수와 문자로 읽었다.

**프로그램 22-5** sscanf와 sprintf 함수의 사용 (22_05.c)

```c
#include <stdio.h>

int main() {
  char str[100];
  double x;
  int a;
  char ch;

  sprintf(str, "%lf %d %c", 10.25, 12345, 'A');

  sscanf(str, "%lf %d %c", &x, &a, &ch);

  printf("%lf %d %c\n", x, a, ch);

  return 0;
}
```

**실행 결과**

```
10.250000 12345 A
```

C Programming C 프로그래밍 입문과 활용

# 연습문제 22

문자열

1. C 언어의 가변 길이 문자열에 대해 설명하라.

2. 디음 코드의 문제점에 대해 설명하라.

```
char str[100];
str = "Programming";
```

3. 다음 코드의 문제점에 대해 설명하라.

```
char str1[100], str2[100] = "Programming";
str1 = str2;
```

4. 다음 코드의  출력 결과를 예상하고 그 이유를 설명하라.

```
char str1[100];
str1[0] = 'A';
printf("%s\n", str1);
```

5. 다음 코드의 동작을 설명하라.

```
char *data[3] = {"abcdef", "ghijklm", "nopqr"};
int i;

for(i = 0 ; i < 3 ; i++)
  printf("%s\n", data[i]);
```

6. 다음 코드의 동작을 설명하라.

```
char *str1, str2[100] = "Programming";

str1 = str2;
printf("%s\n", str1);

str1 = "C++";
printf("%s\n", str1);
```

7. 다음 코드의 동작을 설명하라.

```
char str1[100] = {"0 1 2 3 4 5 6 7 8 9 10"};
int x, i;

for(i = 0 ; i < 5 ; i++) {
  scanf(str1, "%d", &x);
  printf("%d\n", x);
}
```

8. strcpy와 동일하게 동작하는 StrCpy 함수를 작성하라.

9. strlen과 동일하게 동작하는 StrLen 함수를 작성하라.

10. strcat와 동일하게 동작하는 StrCat 함수를 작성하라.

Chapter 23

# 구조체

Chapter 23

# 구조체

## 23.1 구조체(structure)

배열이 동일한 자료형의 변수들의 묶음이라면, 구조체는 다른 자료형의 변수들의 묶음이다. 구조체에서 묶이는 서로 다른 자료형의 변수를 구조체의 멤버(member)라고 하며, 이들 멤버들의 자료형과 이름을 먼저 선언해야 한다. 또한 여러 다른 종류의 구조체가 선언될 수 있으므로. 각각의 구조체는 각각의 이름을 선언하여 사용한다. 구조체를 선언하는 형식은 아래와 같다. 맨 앞의 struct는 구조체 형식을 알리는 키워드이며, structName은 선언될 구조체의 이름이다. 구조체에 포함될 멤버들은 블록({})안에서 선언되며, 블록의 마지막에 ;을 지정한다.

```
struct structName {
  memberDeclaration
};
```

**구조체는 여러 자료형을 묶어 놓은 새로운 자료형이다.**

만일 id라는 이름의 정수형 번호와 score라는 이름의 실수형 점수를 Student라는 이름의 구조체로 묶어서 사용하고 싶다면 아래와 같이 선언할 수 있다.

```
struct Student {
  int id;
  double score;
};
```

위의 선언은 구조체의 형식만 선언한 것이므로, 위의 구조체 형식의 자료를 저장하고 처리하는 것은 구조체 변수를 선언하고 사용해야 한다. 이와 같은 구조체 변수는 아래와 같이 선언할 수 있다. s1과 s2와 같이 구조체를 선언하면서 변수를 동시에 선언한 수 있으며, s3와 s4와 같이 구조체를 선언한 후에 구조체 변수를 선언할 수 있다.

```
struct Student {
  int id;
  double score;
} s1, s2;

struct Student s3, s4;
```

배열의 요소들을 변수 선언과 동시에 초기화하듯이 구조체의 멤버들도 선언과 동시에 초기화할 수 있다. 구조체 멤버의 초기화에서도 여러 멤버들을 초기화해야 하므로 블록으로 묶어서 지정한다. 아래의 s1은 선언과 동시에 초기화되었으며 s1의 id는 1이고 s1의 score는 98.9가 된다.

```
struct Student s1 = {1, 98.9};
```

## 23.2 멤버 접근

배열의 요소들은 배열 이름에 첨자 연산자([])와 인덱스 번호를 이용하여 접근한다. 구조체의 멤버들은 멤버 선택 연산자(member selection operator, .)를 이용해서 접근한다. 즉, 위에서 선언된 s1의 id와 s1의 score는 아래와 같이 접근한다.

```
s3.id
s3.score
```

## 23.3 구조체 응용

구조체는 일반 변수와 비슷한 형식으로 처리할 수 있는 경우가 많이 있다. 예를 들어 아래의 코드의 s2 = s1은 s2에 s1의 대입하는 동작으로 멤버 단위의 복사가 처리된다. 즉, s2.id = s1.id가 되고, s2.score = s1.score가 된다.

```
struct Student s1 = {1, 98.9, s2}, s2;
s2 = s1;        // s2.id = s1.id; s2.score = s1.score;
```

구조체도 함수의 매개변수나 반환형으로 일반 변수처럼 사용될 수 있다. 아래의 함수는 매개변수와 반환형이 모두 struct Student형으로 지정되어 있으므로 매개변수 s.id에 10을 곱하여 반환하는 함수이다.

```
struct Student Fn(struct Student s) {
  s.id *= 10;
```

```
  return s;
}
```

구조체를 가리키는 포인터도 사용될 수 있다. 아래의 p는 struct Student의 포인터로 선언되었으며, 구조체의 포인터이므로 구조체 변수의 주소(&s1)를 저장할 수 있다. 따라서 *p는 p가 가리키는 자료이므로 s1이 되며, 멤버 선택 연산자(.)에 의해 id와 score를 접근할 수 있다.

```
struct Student s1 = {1, 98.9};
struct Student *p = &s1;
// (*p).id는 s1.id
// (*p).score는 s1.score
```

구조체 포인터가 가리키는 멤버를 아래와 같이 *p.id로 작성하면, 연산자 우선순위에 의해 *(p.id)가 된다. 따라서 이와 같이 잘못된 형식을 사용하면 컴파일이 되지 않거나 오류를 발생할 수 있다.

```
struct Student s1 = {1, 98.9};
struct Student *p = &s1;
// *p.id는 *(p.id)이므로 오류
```

***p.id는 *(p.id)이므로, p가 포인터가 아니고 id가 포인터인 경우에 사용된다.**

이와 같은 구조체 포인터는 간접 연산자(*)와 괄호를 한 번에 표현하는 멤버 선택 연산자(->)를 사용할 수 있다. 즉, 아래의 p->id는 (*p).id를 의미한다.

```
ut Student s1 = {1, 98.9};
struct Student *p = &s1;
// p->id는 (*p).id
```

프로그램 23-1은 앞에서 언급된 구조체의 응용을 활용하는 예제이다. 3~6행에서 구조체 struct Student가 선언되었다. 19행에서 s1.id는 1, s1.score는 98.9로 초기화되었고, 22행에서 s2에 s1이 대입되어 s2 멤버들의 값이 s1의 멤버들과 값도 동일해 진다. 23행에서 s3은 Fn의 결과이므로, 인수로 전달된 s2의 id에 10을 곱한 값이 대입된다. 20행에서 선언된 구조체 포인터는 s1을 가리키고 있으므로 29행과 30행에서 p를 이용해서 s1.id와 s1.score를 각각 2와 88.1로 수정한다.

**프로그램 23-1** 구조체 활용 (23_01.c)

```
1  #include <stdio.h>
2
3  struct Student {
4    int id;
5    double score;
6  };
7
8  struct Student Fn(struct Student s) {
9    s.id *= 10;
10
11   return s;
12 }
13
14 void Print(struct Student s) {
15   printf("Id: %d, score: %lf\n", s.id, s.score);
16 }
17
18 int main() {
19   struct Student s1 = {1, 98.9}, s2, s3;
20   struct Student *p = &s1;
```

```

    s2 = s1;
    s3 = Fn(s2);

    Print(s1);
    Print(s2);
    Print(s3);

    p->id = 2;
    p->score = 88.1;

    Print(s1);

    return 0;
}
```

**실행 결과**

```
Id: 1, score: 98.900000
Id: 1, score: 98.900000
Id: 10, score: 98.900000
Id: 2, score: 88.100000
```

## 23.4 구조체 배열

그림 23-1과 같은 자료에서 배열을 이용하면 A, B, C의 id는 int 형 배열로, score는 double 형 배열로 각각 처리할 수 있으며, 구조체를 이용하면 A, B, C를 각각 구조체 변수로 처리할 수 있다. 하지만 구조체 변수를 배열로 선언하면, 모든 자료를 하나의 변수 형태로 처리할 수 있다.

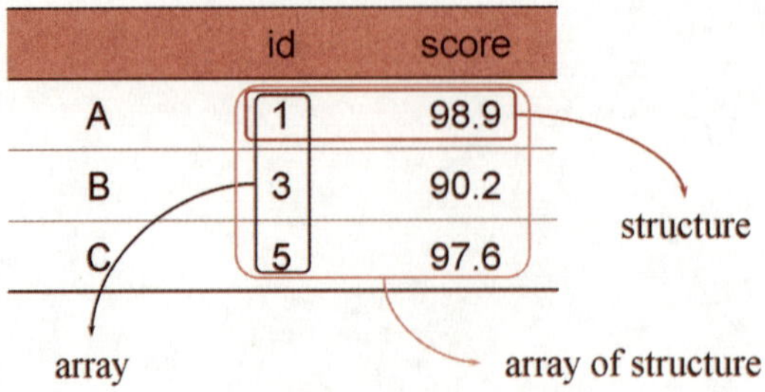


그림 23-1 구조체 배열

```
int id[3];              // id를 배열로 처리
double score[3];        // score를 배열로 처리

struct Student A;       // A의 id와 score를 구조체로 처리
struct Student B;       // B의 id와 score를 구조체로 처리
struct Student C;       // C의 id와 score를 구조체로 처리
```

위의 형식을 사용하지 않고 구조체 변수를 배열로 아래와 같이 선언하면, 이 배열의 요소 s[0], s[1], s[2]가 구조체 변수가 된다. 즉, s[0], s[1], s[2]를 각각 위의 A, B, C 변수로 사용할 수 있다.

```
struct Student s[3];
```

## 23.5 학생 정보 처리 프로그램 1

두 과목의 정수형 점수를 가지는 학생들의 정보를 처리하는 프로그램을 작성하자. 먼저 학생들은 번호(id, 정수형), 이름(name, char 배열), 두 과목의 점수(score1, score2, 정수형), 평균(average, 실수형)을 가진다고 하면 아래와 같은 형식으로 먼저 구조체를 선언해야 한다.

```
struct Data {
  int id;
  char name[100];
  int score1, score2;
  double average;
};
```

main 함수에서 학생의 정보를 최대 100명까지 처리한다면, 크기가 100인 위의 구조체 배열을 선언하고 처리해야 한다. 관리하는 학생의 수를 저장하는 변수(cnt)가 필요하여 아래와 같이 처음에는 관리할 학생이 없으므로 0으로 초기화한다.

```
#define MAX 100
```

```
struct Data student[MAX];
int cnt = 0;
```

프로그램은 메뉴를 기반으로 1. Input(입력), 2. Print All(모든 정보 출력), 3. Sort by name(이름으로 정렬), 4. Sort by ID(id로 정렬), 5. Search(학생 검색), 6. Exit(종료)의 메뉴를 기반으로 처리히지. 이와 같은 동자은 메뉴를 출력하고 메뉴를 입력받아서 처리해야 하므로, 아래와 같은 반복문에서 6이 입력될 때까지 반복해야 한다.

```
int selMenu;

while(1) {
  system("cls");
  printf("1. Input\n");
  printf("2. Print All\n");
```

```
    printf("3. Sort by name\n");
    printf("4. Sort by ID\n");
    printf("5. Search\n");
    printf("6. Exit\n");

    printf("Input menu: ");
    scanf("%d", &selMenu);

    // 메뉴 1, 2, 3, 4, 5에 대한 처리
    if(selMenu == 6) break;
}
```

위 각 메뉴의 동작은 함수로 작성해서 처리하기 위해서는 각 함수들은 형식을 아래와 같이 선언할 수 있다.

```
// 키보드로 자료 입력
void Input(struct Data *student, int *pCnt) ;

// 모든 학생의 자료 출력
void PrintAll(struct Data *student, int cnt);

// 이름으로 정렬
void SortName(struct Data *student, int cnt);

// id로 정렬
void SortID(struct Data *student, int cnt);

// 검색
void Search(struct Data *student, int cnt);
```

학생의 자료가 배열이므로 모든 함수의 첫 번째 매개변수는 구조체형 포인터이다. 또한 관리하는 학생의 수를 두 번째 매개변수로 받는데, Input 함수에서는 학생의 수가 수정(입력되면 1 증가)되어야 하므로 포인터형으로 주소를 받아서 처리한다.

Input 함수에서 학생의 id를 0번부터 입력된 순서라고 하면 아래와 같이 현재 입력되는 학생의 id는 현재 학생 수로 입력하고, 이름과 점수를 scanf로 입력받는다. 다음으로 평균은 두 점수로 계산하고, 학생 수를 1증가한다.

```
student[*pCnt].id = *pCnt;

scanf("%s", student[*pCnt].name);
scanf("%d", &student[*pCnt].score1);
scanf("%d", &student[*pCnt].score2);

student[*pCnt].average
  = (student[*pCnt].score1 + student[*pCnt].score2)/2.;
(*pCnt)++;
```

PrintAll 함수에서 한 화면에 3명의 학생까지 출력한다면 아래와 같이 반복문에서 i%3 == 0이면 화면을 지우고, 학생 정보를 출력한다. 여기서 3명의 학생 정보가 출력되면 (i%3 == 2) 대기 상태로 바뀌어 출력된 학생 정보를 확인할 수 있게 한다.

```
for(i = 0 ; i < cnt ; i++)
{
  if(i%3 == 0)       // 화면 지움

  // i 번째 학생 정보 출력

  if(i%3 == 2)       // 대기 상태
}
```

화면 지움과 대기 상태는 아래의 system 함수를 사용할 수 있다. system 함수는 <stdlib.h>에 선언되어 있으며, 매개변수 string의 문자열을 명령으로 전달한다. 따라서 system("cls")를 하면 화면이 지워지고, system("pause")를 하면 대기 상태가 된다.

```
int system(const char *string);
```

SortName이나 SortID 함수는 비교를 name 멤버나 id 멤버로 수행하고, 변경하는 대상을 구조체 배열의 요소로 지정한다. 이때, name 멤버는 문자열이므로 strcmp 함수를 이용하여 비교할 수 있다.

Search 함수는 strcmp 함수를 이용하여 입력된 이름과 학생 정보를 저장하고 있는 구조체 배열의 요소와 비교하여 일치하는 값이 있으면 출력한다.

위와 같은 방법으로 작성된 코드는 프로그램 23-2와 같다. 실행 결과 1은 메뉴를 출력하는 초기 화면이며, 실행 결과 2~4는 자료를 학생 정보를 입력하는 과정이다. 실행 결과 5는 Print All 메뉴에 의해 입력된 자료를 모두 출력한 것이며, 실행 결과 6은 Sort by name 메뉴에 의해 이름 순으로 정렬하고 다시 출력한 것이다. 실행 결과 7은 Search 메뉴를 선택하고 검색할 이름을 Kim이라고 입력한 후의 출력 결과이다.

**프로그램 23-2** 학생 정보 처리 프로그램 1 (23_02.c)

```
#include <stdio.h>
#include <stdlib.h>
#include <string.h>

#define MAX 100
struct Data {
  int id;
  char name[100];
  int score1, score2;
  double average;
};

void Input(struct Data *student, int *pCnt) {
  student[*pCnt].id = *pCnt;

  printf("Name: ");
  scanf("%s", student[*pCnt].name);
```

```
  printf("Score1: ");
  scanf("%d", &student[*pCnt].score1);
  printf("Score2: ");
  scanf("%d", &student[*pCnt].score2);

  student[*pCnt].average
    = (student[*pCnt].score1 + student[*pCnt].score2)/2.;
  (*pCnt)++;
}

void Print(struct Data s)
{
  printf("ID: %d\n", s.id);
  printf("Name: %s\n", s.name);
  printf("Score 1: %d\n", s.score1);
  printf("Score 2: %d\n", s.score2);
  printf("Average: %lf\n\n", s.average);
}

void PrintAll(struct Data *student, int cnt) {
  int i;
  for(i = 0 ; i < cnt ; i++)
  {
    if(i%3 == 0) system("cls");
    Print(student[i]);

    if(i%3 == 2) system("pause");
  }
}

void SortName(struct Data *student, int cnt) {
  int i, k;

  for(i = 0 ; i < cnt-1 ; i++)
    for(k = cnt-1 ; k > i ; k--) {
      if(strcmp(student[k-1].name, student[k].name) > 0) {
        struct Data t = student[k-1];
        student[k-1] = student[k];
```

```
        student[k] = t;
      }
    }
}

void SortID(struct Data *student, int cnt) {
  int i, k;

  for(i = 0 ; i < cnt-1 ; i++)
    for(k = cnt-1 ; k > i ; k--) {
      if(student[k-1].id > student[k].id) {
        struct Data t = student[k-1];
        student[k-1] = student[k];
        student[k] = t;
      }
    }
}

void Search(struct Data *student, int cnt) {
  char name[100];
  int i;

  printf("Name: ");
  scanf("%s", name);

  for(i = 0 ; i < cnt ; i++) {
    if(strcmp(student[i].name, name) == 0) {
      system("cls");
      Print(student[i]);
    }
  }
}

int main() {
  int selMenu;
  struct Data student[MAX];
  int cnt = 0;

```

```
  while(1) {
    system("cls");
    printf("1. Input\n");
    printf("2. Print All\n");
    printf("3. Sort by name\n");
    printf("4. Sort by ID\n");
    printf("5. Search\n");
    printf("6. Exit\n");

    printf("Input menu: ");
    scanf("%d", &selMenu);

    if(selMenu == 1) Input(student, &cnt);
    else if(selMenu == 2) {
      PrintAll(student, cnt);
      system("pause");
    }
    else if(selMenu == 3) {
      SortName(student, cnt);
      printf("Sorted\n");
      system("pause");
    }
    else if(selMenu == 4) {
      SortID(student, cnt);
      printf("Sorted\n");
      system("pause");
    }
    else if(selMenu == 5)  {
      Search(student, cnt);
      system("pause");
    }
    else if(selMenu == 6) break;
  }

  return 0;
}
```

**실행 결과 1(초기 화면)**

```
1. Input
2. Print All
3. Sort by name
4. Sort by ID
5. Search
6. Exit
Input menu:
```

**실행 결과 2(1. Input)**

```
1. Input
2. Print All
3. Sort by name
4. Sort by ID
5. Search
6. Exit
Input menu: 1
Name: Lee
Score1: 80
Score2: 65
```

**실행 결과 3(1. Input)**

```
1. Input
2. Print All
3. Sort by name
4. Sort by ID
5. Search
6. Exit
Input menu: 1
Name: Kim
Score1: 30
Score2: 59
```

**실행 결과 4(1. Input)**

```
1. Input
2. Print All
3. Sort by name
```

```
4. Sort by ID
5. Search
6. Exit
Input menu: 1
Name: Park
Score1: 95
Score2: 96
```

**실행 결과 5(2. Print All)**

```
ID: 0
Name: Lee
Score 1: 80
Score 2: 65
Average: 72.500000

ID: 1
Name: Kim
Score 1: 30
Score 2: 59
Average: 44.500000

ID: 2
Name: Park
Score 1: 95
Score 2: 96
Average: 95.500000
```

**실행 결과 6(2. Print All(3. Sort by name 이후))**

```
ID: 1
Name: Kim
Score 1: 30
Score 2: 59
Average: 44.500000

ID: 0
Name: Lee
Score 1: 80
Score 2: 65
```

```
Average: 72.500000

ID: 2
Name: Park
Score 1: 95
Score 2: 96
Average: 95.500000
```

**실행 결과 7(5. Search(Name에 Kim 입력))**

```
ID: 1
Name: Kim
Score 1: 30
Score 2: 59
Average: 44.500000
```

C Programming C 프로그래밍 입문과 활용

# 연습문제 23. 구조체

1. 구조체의 의미와 사용 방법에 대해 설명하라.

2. 다음 구조체 선언의 문제점에 대해 설명하라.

```
struct Ex {
  int x;
}
```

3. 다음 구조체 변수 선언의 문제점에 대해 설명하라.

```
struct Ex {
  double x;
};

Ex e;
```

4. 다음 프로그램의 문제점에 대해 설명하라.

```
struct Ex {
  int x;
};

int main() {
  struct Ex e;
  e->x = 10;
```

```
    return 0;
}
```

5. 다음 프로그램의 문제점에 대해 설명하라.

```
#include <stdio.h>

struct Ex {
    int x;
};

int main() {
    struct Ex e = {10}, *p;

    p = &e;
    printf("%d\n", *p.x);

    return 0;
}
```

6. 다음 프로그램의 동작을 설명하라.

```
#include <stdio.h>

struct Ex {
    int x, y;
};

int main() {
    struct Ex e[2] = {{1, 2}, {3, 4}};

    printf("%d, %d\n", e[0].x, e[0].y);
    printf("%d, %d\n", e[1].x, e[1].y);

    return 0;
}
```

7. 복소수의 실수부와 허수부를 저장하는 구조체(struct Complex)를 선언하고, 아래의 코드가 동작하도록 필요한 함수를 작성하라.

```
// Complex는 double 형으로 실수부와 허수부를 차례로 저장
struct Complex c1 = {2.5, 3.5}, c2 = {3.4, -3.5}, c3;

c3 = AddComplex(c1, c2);  // c3에 c1+c2가 대입
Print(c3);       // c3를 출력
```

8. int 형 배열을 멤버로 저장하는 구조체를 다음과 같이 선언하고, 배열에 자료를 순서대로 저장하는 함수(Push)와, 넣은 역순으로 출력하는 함수(Pop)를 작성하라. 초기에 pointer는 -1이 저장되며, 자료를 저장할 때 마다 1 증가된다. 또한 pointer의 인덱스에 있는 data의 요소를 출력하고 pointer는 1 감소된다. 또, Push를 수행할 때 data[0]~data[99]가 모두 사용 중이라면(pointer = 99)라면 자료를 저장하지 않고 거짓을 반환하고, 그렇지 않으면 자료를 저장하고 참을 반환하다. Pop을 수행할 때도 저장된 자료가 하나도 없다면(pointer = -1), 자료 출력하지 않고 거짓을 반환하고, 그렇지 않으면 자료를 주소의 전달에 의해 출력하고 참을 반환한다.

```
struct Stack {
  int data[100];
  int pointer;
};

// Push: *s에 d를 저장
int Push(struct Stack *s, int d);

// Pop: *s에서 *d로 출력
int Pop(struct Stack *s, int *d);
```

# Chapter 24

# 공용체와 열거형

Chapter 24

# 공용체와 열거형

## 24.1 공용체(union)

구조체 내에 선언된 멤버들은 각각의 저장 영역을 할당하여 사용한다. 하지만 공용체는 각 멤버들을 동일한 영역에 할당한다. 즉, 각 멤버들은 저장 영역을 공유하게 된다. 공용체의 선언 형식은 아래와 같으며, 가장 큰 저장 공간을 사용하는 멤버를 기준으로 영역을 공유하게 된다.

**공용체의 멤버들은 저장 영역을 공유한다.**

```
union unionName {
  memberDeclaration
};
```

프로그램 24-1은 동일한 멤버로 선언된 구조체와 공용체의 크기를 출력하는 프로그램이다. double 형이 8byte이고 int 형이 4바이트이므로 구조체는 12바이트로 출력되고, 공용체는 저장 영역을 공유하기 때문이 8바이트가 출력되는 것을 볼 수 있다. 1행의 #pragma pack은 Visual C++에서 구조체나 공용체의 멤버를 구성할 때, 멤버를 묶는 단위를 지정하는 것이다. 정확한 크기를 비교하기 위해서 프로그램 24-1에서는 그 단위를 1byte로 지정한 것이다.

**프로그램 24-1** 구조체와 공용체의 크기 (24_01.c)

```
1  #pragma pack(1)
2  #include <stdio.h>
3
4  struct StructEx {
5    int a;
6    double x;
7  };
8
9  union UnionEx {
10   int a;
11   double x;
12 };
13
14 int main() {
15   printf("%d\n", sizeof(struct StructEx));
16   printf("%d\n", sizeof(union UnionEx));
17
18   return 0;
19 }
```

**실행 결과**

```
12
8
```

프로그램 24-2는 공용체를 사용한 예이다. 3행에 선언된 공용체 data는 2바이트 정수(short int) x와 1바이트 정수(char) ch를 가지며, 두 멤버는 저장 영역을 공유한다. 따라서 11행과 같이 x 멤버를 0x4241로 지정하면, ch 멤버는 x 멤버의 하위 1byte인 0x41('A')를 가진다(Windows(인텔 프로세서) 기준). 또한 14행과 같이 ch 멤버를 0x43('C')로 수정하면, x 멤버의 하위 1byte가 수정된다.

**프로그램 24-2** 공용체의 사용 (24_02.c)

```
1   #include <stdio.h>
2
3   union Data {
4     short int x;
5     char ch;
6   };
7
8   int main() {
9     union Data ex;
10
11    ex.x = 0x41 + 0x42 * 0x100;
12    printf("%x, %c\n", ex.x, ex.ch);
13
14    ex.ch = 0x43;
15    printf("%x, %c\n", ex.x, ex.ch);
16
17    return 0;
18  }
```

**실행 결과**

```
4241, A
4243, C
```

## 24.2 열거형(enumeration)

열거형은 변수가 가질 수 있는 정수형 상수를 나열해 놓은 자료형이다. 열거형의 선언 형식은 아래와 같으며 열거형 이름(enumName)은 필요에 따라서 지정하지 않아도 된다. 만일 열거형 이름을 지정하지 않으면 익명의 열거형이 되며, 정수형 상수로 사용될 수 있다. 열거형 리스트(enumList)는 상수값을 사용될 이름이며, 0부터 시작하는 정수값을 가진다. 만일 xxx=value와 같이 값을 지정하면, 순서에 관계없이 지정된 값(value)을 가지게 되고, 다음 값은 앞의 값보다 1 증가된 값을 가진다.

**열거형은 상수의 묶음을 표현하는 자료형이다.**

```
enum enumName {
  enumList
};
```

```
enum {          // 익명의 열거형
  enumList
};
```

아래와 같이 열거형을 선언하면, c1, c2, c3은 순서대로 0, 1, 2의 상수를 가진다.

```
enum EnumEx1 {
  c1, c2, c3
};
```

아래와 같이 열거형을 선언하면, c1, c2, c3은 순서대로 1, 2, 3의 상수를 가진다.

```
enum EnumEx2 {
  c1 = 1, c2, c3
};
```

아래와 같이 열거형을 선언하면, c1, c2, c3은 순서대로 0, 3, 4의 상수를 가진다.

```
enum EnumEx3 {
  c1, c2 = 3 , c3
};
```

enumName의 이름으로 선언된 열거형의 상수값(enumList의 값)은 아래와 같이 선언된 열거형 enumName 형 변수(varName)에 저장되는 상수로 사용될 수 있다.

```
enumName varName;
```

아래와 같이 열거형을 선언하면, OFF, ON은 순서대로 0, 1의 상수를 가진다. 여기서 열거형의 이름이 없으므로, 정수형 상수로 사용될 수 있다.

```
enum {
  OFF, ON
};
```

프로그램 24-3은 열거형의 사용한 예제 코드이다. 3행에는 계절을 상수로 저장하는 열거형을 선언하였으며, spring, summer, autumn, fall, winter가 순서대로 1, 2, 3, 3, 4의 값을 가진다. 7행의 열거형은 이름을 지정하지 않았으며, OFF와 ON이 순서대로 0, 1의 값을 가진다. 12행에 선언된 today는 enum season에서 선언된 상수를 가질 수 있는 변수이다. 따라서 15행과 같이 autumn을 저장할 수 있으며, 출력값은 3이 된다. 7행에서 선언된

OFF와 ON은 이름이 없는 열거형이므로, 18행과 같이 int 형 변수에 사용될 수 있다.

**프로그램 24-3** 열거형의 사용 (24_03.c)

```
1   #include <stdio.h>
2
3   enum season {
4     spring = 1, summer, autumn, fall = 3, winter
5   };
6
7   enum {
8     OFF, ON
9   };
10
11  int main() {
12    enum season today;
13    int state;
14
15    today = autumn;
16    printf("%d\n", today);
17
18    state = OFF;
19    printf("%d\n", state);
20
21    return 0;
22  }
```

**실행 결과**

```
3
0
```

## 24.3 typedef

typedef를 이용하면 기존의 자료형을 다른 이름으로 사용할 수 있다. typedef의 사용은 아래와 같으면 newTypeName이 기존의 typeName 대신에 사용될 수 있다.

```
typedef typeName newTypeName;
```

예를 들어, 아래와 같이 지정하면 INT는 int를 의미하는 새로운 자료형이 된다.

```
typedef int INT;
```

따라서 위와 같이 INT 형이 지정이 되면 아래와 같이 INT 형으로 변수를 선언할 있으며, 이것은 int를 사용하는 것과 동일하다.

```
INT x, y;
```

typedef에 의해 자료형의 지정은 아래의 예와 같이 여러 자료형에서 사용될 수 있다.

```
typedef double DBL;
typedef unsigned int UINT;
typedef int IARY[100];
typedef char* STRING;
typedef void (*FN)(int);
```

위의 새로운 자료형에 의한 변수 선언은 아래와 같다

```
DBL x;              // double x;
UINT a;             // unsigned int a;
IARY array;         // int array[100];
STRING name;        // char *name
FN funct;           // void (*funct)(int);
```

앞에서 다룬 구조체를 아래와 같이 지정하며, 이름을 줄일 수 있으므로 구조체형을 사용하는데 편리하다. 즉, 구조체 변수를 선언할 때, struct tagStructName을 사용하지 않고 structName으로 사용할 수 있다.

```
typedef struct tagStrucName {
  memberDeclaration
} structName;
```

C Programming C 프로그래밍 입문과 활용

# 연습문제 24.

공용체와 열거형

1. 공용체와 구조체의 차이점을 비교 설명하라.

2. 열거형의 특징을 설명하라.

3. typedef의 사용 방법에 대해 설명하라.

4. 다음 공용체에서 공유되는 저장 공간을 설명하라.

```
union Ex {
  short int x[2];
  long int y;
};
```

5. 다음 프로그램의 동작을 설명하라.

```
#include <stdio.h>

typedef enum tagEx {
  a, b, c = 3, d, e, f = 5
} Ex;

int main() {
  Ex ex;

  ex = e;
```

```
  printf("%d\n", ex);

  return 0;
}
```

6. 다음 코드를 typedef를 사용하지 않는 코드로 수정하라.

```
typedef unsigned char BYTE;
typedef short int SHORT;
typedef double DARY[100];
typedef char* STRING;
typedef void (*FN)(int);

void Ex(int x, FN fn);
int main() {
  BYTE **data;
  SHORT size;
  DARY ary = {0};
  STRING str = "Programming";

  ...

  return 0;
}
```

Programming

Chapter 25

# 파일 입출력

Chapter 25

# 파일 입출력

## 25.1 파일 입출력 방법

C에서의 파일 입출력은 파일 정보를 처리할 수 있는 FILE 구조체와 표준 라이브러리 함수를 이용하여 쉽게 처리할 수 있다. FILE은 <stdio.h>에 선언된 파일 표기자(file descriptor)로서 파일을 열 때 그 파일에 대한 정보를 받고, 입출력을 수행할 때 FILE 정보를 전달한다. 따라서 기본적인 파일 입출력 형식은 아래와 같다.

```
FILE *fp;
fp = fopen("fileName", "mode");
if(fp) {
  // 입출력 작업
  fclose(fp);
}
```

위에서 사용된 fopen과 fclose 함수는 <stdio.h>에 아래와 같이 선언되어 있다.

```
FILE *fopen(const char *filename, const char *mode);
```

```
int fclose(FILE *stream);
```

fopen 함수는 filename으로 지정된 파일을 mode로 열고, 그 파일에 관련된 FILE 구조체의 주소를 반환한다. 만일 열기를 실패했다면 반환값은 NULL이다. fclose 함수는 stream으로 관리되는 파일을 닫으며, 성공하면 0을 반환하고, 오류가 있다면 EOF를 반환한다.

fopen의 mode는 파일을 여는 모드로서 표 25-1의 문자열이 사용될 수 있다. 기본적으로 읽기 모드("r")로 파일을 열 때, 지정된 파일이 없으면 실패하지만 쓰기 모드 ("w" 나 "a")에서는 지정된 파일이 없으면 새로 생성한다. 또한 "w"로 파일을 열면 기존 파일의 내용은 제거되고, "a"로 열면 기존파일 뒤에 내용을 추가할 수 있다.

표 25-1 파일 열기 모드

| 모드 | 설명 |
|---|---|
| "r" | 텍스트 읽기 |
| "w" | 텍스트 쓰기(기존 파일 내용 제거, 없으면 새로 생성) |
| "a" | 텍스트 쓰기(기존 파일 뒤에 내용 추가, 없으면 새로 생성) |
| "rb" | 이진 파일 읽기 |
| "wb" | 이진 쓰기(기존 파일 내용 제거, 없으면 새로 생성) |
| "ab" | 이진 쓰기(기존 파일 뒤에 내용 추가, 없으면 새로 생성) |
| "r+" | "r" + 읽기/쓰기 |
| "w+" | "w" + 읽기/쓰기 |
| "a+" | "a" + 읽기/쓰기 |
| "r+b" 또는 "rb+" | "rb" + 읽기/쓰기 |
| "w+b" 또는 "wb+" | "wb" + 읽기/쓰기 |
| "a+b" 또는 "ab+" | "ab" + 읽기/쓰기 |

## 25.2 텍스트(text)/이진(binary) 파일

텍스트 파일은 모든 자료를 문자형으로 변환하여 저장하는 파일이고, 이진 파일은 자료를 메모리에 저장된 형식 그대로 저장한 파일이다. 만일, 아래와 같은 x를 저장할 때, 텍스트 파일은 '1'과 '0'의 문자 형식으로 저장하는 것이고, 이진 파일은 메모리에 저장된 2byte 형식 그대로 저장하는 것이다.

```
short int x = 10;
```

따라서 short int 형 자료를 이진 파일로 저장하는 경우에는 모두 2byte에 저장되지만, 텍스트 파일로 저장하는 경우에는 숫자에 따라서 저장되는 크기가 다르다.

텍스트 파일의 장점은 전용의 뷰어가 없이도 내용을 확인할 수 있다. 텍스트 파일의 내용은 모두 문자형으로 변환되어 저장되어 있으므로 1byte씩 읽어서 char 형으로 표현하면 된다. 하지만, 이진 파일은 자료가 저장된 형식을 알아야만 자료의 내용을 볼 수 있다. 예를 들어, short int로 저장된 자료를 char 형으로 읽으면 1byte씩 나누어져 읽히게 될 것이다.

## 25.3 텍스트 파일 입출력

텍스트 파일 입출력은 scanf/printf와 비슷한 아래의 fscanf와 fprintf 함수(<stdio.h>에 선언)를 사용하여 쉽게 처리할 수 있다.

```
int fscanf(FILE *stream, const char *format, ...);
int fprintf(FILE *stream, const char *format, ...);
```

위의 함수들은 scanf와 printf와 달리 매개변수를 한 개 더 가진다. 추가된 이 매개변수는 첫 번째 매개변수로 FILE 포인터를 받으며, 입출력할 파일의 FILE 포인터를 전달한다.

프로그램 25-1은 텍스트 파일 출력을 설명하기 위한 간단한 예제이다. 파일 출력을 위하여 6행의 파일 열기가 수행되었고, 16행에서 파일 출력 작업을 마치고 파일을 닫았다. 10, 11행에서 파일에 출력한 내용을 13, 14행에서 printf 함수를 이용하여 화면에 출력하였다. 이때, 화면에 출력되는 내용이 그림 25-1과 같이 파일에 출력된 것을 볼 수 있다.

**프로그램 25-1** 텍스트 파일 출력 (25_01.c)

```
1   #include <stdio.h>
2
3   int main() {
4     FILE *fp;
5
6     fp = fopen("ex.txt", "w");
7
8     if(!fp) return 0;
9
10    fprintf(fp, "%d %lf file I/O\n", 1234, 12.156);
11    fprintf(fp, "%c %c\n", 'A', 'B');
12
13    printf("%d %lf file I/O\n", 1234, 12.156);
14    printf("%c %c\n", 'A', 'B');
15
16    fclose(fp);
17
18    return 0;
19  }
```

**실행 결과**

```
1234 12.156000 file I/O
A B
```

그림 25-1 프로그램 25-1의 파일 내용

프로그램 25-1에 의해 ex.txt 파일이 생성되었다면, 프로그램 25-2에 의해 파일의 내용을 읽어오는 것이 가능하다. 프로그램 25-2의 10행에서 fopen의 모드를 "r"로 지정하여 읽기 모드로 열었으며, 14, 15행에 fscanf 함수를 이용하여 정수, 실수, 문자열과 문자를 읽어 17, 18행에서 출력하였다.

**프로그램 25-2** 텍스트 파일 입력 (25_02.c)

```
1   #include <stdio.h>
2
3   int main() {
4     FILE *fp;
5     int i;
6     double x;
7     char str1[100], str2[100];
8     char ch1, ch2;
9
10    fp = fopen("ex.txt", "r");
11
12    if(!fp) return 0;
13
14    fscanf(fp, "%d %lf %s %s\n", &i, &x, &str1, &str2);
15    fscanf(fp, "%c %c\n", &ch1, &ch2);
16
17    printf("%d %lf %s %s\n", i, x, str1, str2);
18    printf("%c %c\n", ch1, ch2);
19
20    fclose(fp);
```

```

    return 0;
}
```

**실행 결과**

```
1234 12.156000 file I/O
A B
```

만일 작업할 파일의 경로를 절대 경로로 지정하고 싶다면 폴더를 구분하는 \는 문자열 내에서 \\로 작성되어 하므로 C:\folder\data.txt 파일의 경로는 아래와 같이 작성해야 한다.

```
C:\\folder\\data.txt
```

## 25.4 이진 파일 입출력

이진 파일 입출력은 파일의 내용을 바이트 단위로 읽으므로, 아래의 fread와 fwrite 함수(<stdio.h>에 선언)를 이용한다. 이 함수의 첫 번째 매개변수는 읽어온 자료를 저장할 주소나 파일에 저장할 자료의 주소를 받는다. 두 번째와 세 번째 매개변수에 의해 size 크기(byte)의 자료를 nmemb 요소(개수)만큼 저장하거나 읽어온다. 마지막 매개변수는 입출력할 파일의 FILE 포인터이다. 이 함수들의 반환값은 읽거나 쓴 요소의 수로서 만일 nmemb보다 작다면 오류가 발생한 것이다.

```
size_t fread(void *ptr, size_t size, size_t nmemb, FILE *stream);
size_t fwrite(const void *ptr, size_t size, size_t nmemb,
    FILE *stream);
```

이진 파일 입출력을 위해서는 파일을 열 때, 표 22-1과 같이 "b"가 포함된 모드로 연다.

위의 두 함수를 이용하여 이진 파일로 쓰고, 기록된 자료의 내용을 읽는 예가 프로그램 25-3이다. 10~17행은 ex.dat 파일에 이진 파일 형식으로 int 형 자료 한 개와 double 배열의 세 개의 요소를 파일에 기록했다. 14행과 같이 한 개의 자료를 쓸 때는 변수의 주소 (&x1)가 fwrite 함수의 첫 번째 인수로 전달됐으며, 배열의 요소를 쓸 때는 배열의 이름 (a1, &a1[0])이 전달됐다. 19~26행의 내용은 위에서 기록된 내용을 fread 함수를 이용하여 읽어오는 동작이며, fwrite와 같은 형식으로 사용되었다.

**프로그램 25-3** 이진 파일 입출력 (25_03.c)

```
1   #include <stdio.h>
2
3   int main() {
4     FILE *fp1, *fp2;
5     int i;
6     int x1 = 10, x2;
7     double a1[3] = {10.5, 20.7, 35.1}, a2[3];
8
9
10    fp1 = fopen("ex.dat", "wb");
11
12    if(!fp1) return 0;
13
14    fwrite(&x1, sizeof(int), 1, fp1);
15    fwrite(a1, sizeof(double), 3, fp1);
16
17    fclose(fp1);
18
19    fp2 = fopen("ex.dat", "rb");
20
21    if(!fp2) return 0;
22
23    fread(&x2, sizeof(int), 1, fp1);
24    fread(a2, sizeof(double), 3, fp1);
25
```

```
    fclose(fp2);

    printf("%d\n", x2);

    for(i = 0 ; i < 3 ; i++)
      printf("%lf\n", a2[i]);

    return 0;
}
```

**실행 결과**

```
10
10.500000
20.700000
35.100000
```

## 25.5 학생 정보 처리 프로그램 2

23장에서 작성된 학생 정보 처리 프로그램은 입력된 자료를 프로그램이 종료되면 다시 사용할 수 없다. 여기서 입력된 내용을 다시 사용하게 하기 위해서는 파일로 저장하는 부분이 추가되어야 한다. 학생 정보 처리 프로그램 1에 아래의 메뉴를 추가하여 파일 입출력이 가능하도록 프로그램을 수정하자. 기존 메뉴의 번호는 2자리씩 증가되고, 앞에 Load와 Save 메뉴를 추가한다. Load 메뉴는 지정된 파일에 현재까지의 자료를 저장하고, Save 메뉴는 파일에 저장된 내용을 새로운 자료로 읽어오는 메뉴이다.

```
1. Load
2. Save
```

메뉴를 선택했을 때의 동작은 아래와 같이 파일 입출력이 성공했을 때는 성공했다는 메시지를 출력하자. 즉. Load 함수와 Save 함수는 파일 입출력의 성공 여부를 반환하는 함수이다.

```
if(selMenu == 1) {
  if(Load(student, &cnt))
    printf("Loaded\n");
  system("pause");
}
else if(selMenu == 2) {
  if(Save(student, cnt))
    printf("Saved\n");
  system("pause");
}
```

위와 같은 동작이 가능하기 위해서는 Load와 Save 함수는 아래의 원형을 가져야 한다. Load 함수는 자료의 개수를 읽어야 하므로 포인터형으로 선언했으며, 반환값이 0이 아니면 파일 열기 성공을, 0이면 실패를 의미한다.

```
int Load(struct Data *student, int *pCnt);
int Save(struct Data *student, int cnt);
```

파일에 자료를 기록하는 것은 이진 파일 형식으로 작성하면 매우 쉽다. 자료가 매개변수 student의 이름으로 배열로 저장되어 있으므로, 아래와 같이 fwrite 함수를 한 번 호출하여 작성할 수 있다.

```
fwrite(student, sizeof(struct Data), cnt, fp);
```

파일에서 자료를 기록할 때, 자료의 개수를 먼저 기록했다면, 읽어올 때 개수부터 읽어 그 개수만큼 반복해서 자료를 읽을 수 있다. 하지만 개수를 기록하지 않았다면 읽기 실패

(EOF 포함)를 확인해서 반복을 종료할 수 있다. 여기서는 후자의 방법을 사용하자. 후자의 방법은 자료를 읽을 때, 개수를 모르기 때문에 개수를 초기에 0으로 초기화하고, 자료를 읽어가면서 개수를 증가해야 한다. 또한 읽기를 실패(fread의 반환값 이용)한 경우에 반복을 종료한다. 따라서 아래와 같이 무한 반복문에서 읽기를 실패하면 반복을 종료하고, 성공하면 자료의 개수를 증가하면서 계속 반복한다.

```
*pCnt = 0;
 while(1) {
   if(fread(&student[*pCnt], sizeof(struct Data), 1, fp) < 1)
     break;
   (*pCnt)++;
 }
```

위에서 설명한 방법으로 작성한 코드는 프로그램 25-4와 같다. 여기서 프로그램 23-2와 중복되는 부분은 생략했다.

**프로그램 25-4** 학생 정보 처리 프로그램 2 (25_04.c)

```
#include <stdio.h>
#include <stdlib.h>
#include <string.h>

#define MAX 100
struct Data {
  int id;
  char name[100];
  int score1, score2;
  double average;
};

int Load(struct Data *student, int *pCnt) {
  FILE *fp;
```

```
  fp = fopen("data.dat", "rb");

  if(!fp) return 0;

  *pCnt = 0;
  while(1) {
    if(fread(&student[*pCnt], sizeof(struct Data), 1, fp) < 1)
      break;
    (*pCnt)++;
  }
  fclose(fp);

  return 1;
}

int Save(struct Data *student, int cnt) {
  FILE *fp;

  fp = fopen("data.dat", "wb");

  if(!fp) return 0;

  fwrite(student, sizeof(struct Data), cnt, fp);
  fclose(fp);

  return 1;
}

// 프로그램 25-4에서 정의된 함수는 생략

int main() {
  int selMenu;
  struct Data student[MAX];
  int cnt = 0;

  while(1) {
    system("cls");
```

```
    printf("1. Load\n");
    printf("2. Save\n");
    printf("3. Input\n");
    printf("4. Print All\n");
    printf("5. Sort by name\n");
    printf("6. Sort by ID\n");
    printf("7. Search\n");
    printf("8. Exit\n");

    printf("Input menu: ");
    scanf("%d", &selMenu);

    if(selMenu == 1) {
      if(Load(student, &cnt))
        printf("Loaded\n");
      system("pause");
    }
    else if(selMenu == 2) {
      if(Save(student, cnt))
        printf("Saved\n");
      system("pause");
    }
    else if(selMenu == 3) Input(student, &cnt);
    else if(selMenu == 4) {
      PrintAll(student, cnt);
      system("pause");
    }
    else if(selMenu == 5) {
      SortName(student, cnt);
      printf("Sorted\n");
      system("pause");
    }
    else if(selMenu == 6) {
      SortID(student, cnt);
      printf("Sorted\n");
      system("pause");
    }
    else if(selMenu == 7)  {
```

```
            Search(student, cnt);
            system("pause");
          }
          else if(selMenu == 8) break;
        }

        return 0;
      }
```

**실행 결과 1(초기 화면)**

```
1. Load
2. Save
3. Input
4. Print All
5. Sort by name
6. Sort by ID
7. Search
8. Exit
Input menu:
```

**실행 결과 2(프로그램 25-4와 같이 입력하고 2. Save 후 종료, 프로그램 다시 실행 후에 1. Load하고 4. Print All)**

```
ID: 0
Name: Lee
Score 1: 80
Score 2: 65
Average: 72.500000

ID: 1
Name: Kim
Score 1: 30
Score 2: 59
Average: 44.500000

ID: 2
Name: Park
Score 1: 95
Score 2: 96
```

```
Average: 95.500000
```

## 25.6 입출력 위치 관련 함수

파일에서 자료를 읽어올 때, 처음에는 맨 앞의 자료를 읽고 다음에는 그 다음 자료를 읽는다. 이것은 처음에 파일 위치 지시자(file position indicator)에 현재의 읽는 위치를 가지고 있기 때문이다. 파일에 자료를 쓸 때도 동일하게 파일 위치 지시자가 필요하다. 이러한 파일 위치를 읽어오는 함수는 ftell 함수이며, 위치를 수정하는 함수가 fseek 함수이다. 이 두 함수(<stdio.h>에 선언)의 원형은 아래와 같으며, ftell 함수는 현재 파일 위치를 반환한다. fseek 함수의 세 번째 매개변수(whence)는 위치의 기준을 지정하는 것으로, SEEK_SET(파일의 처음), SEEK_CUR(현재 위치), SEEK_END(파일의 끝)가 지정될 수 있다. 두 번째 매개변수(offset)는 whence로 지정된 기준 위치에서 이동할 크기를 지정한다. 예를 들어, offset = 5, whence = SEEK_SET으로 지정하면, 파일의 처음에서 5byte 다음 위치로 파일 위치가 지정된다. fseek 함수의 반환값은 위치 지정을 실패한 경우에 0이 아닌 값을 반환한다.

```
long int ftell(FILE *stream);
int fseek(FILE *stream, long int offset, int whence);
```

C Programming C 프로그래밍 입문과 활용

# 연습문제 25. 파일 입출력

1. 텍스트 파일로 자료를 출력하는 과정을 설명하라.

2. 텍스트 파일의 자료를 읽어오는 과정을 설명하라.

3. 텍스트 파일과 이진 파일의 차이점을 설명하라.

4. 다음 코드의 동작을 설명하라.

```
FILE *fp;
int i;

fp = fopen("ex.txt", "a");

for(i = 0 ; i < 10 ; i++)
  fprintf(fp, "%d, ", i);

fclose(fp);
```

5. 다음 코드의 동작을 설명하라.

```
FILE *fp;
int data[10];

fp = fopen("ex.dat", "rb");
```

```
fread(data, sizeof(int), 10, fp);

fclose(fp);
```

6. 구구단을 텍스트 파일로 출력하는 프로그램을 작성하라(10장 참고).

7. 마방진을 텍스트 파일로 출력하는 프로그램을 작성하라(17장 참고).

Chapter 26

# 비트 연산자

Chapter 26

# 비트 연산자

## 26.1 비트 단위 논리 연산자(bitwise logical operator)

비트 연산자는 자료를 비트 단위로 연산을 수행하는 연산자이다. 비트 단위 논리 연산자는 비트값이 1이면 참, 0이면 거짓으로 판단하고 논리 연산을 수행한다. 이와 같은 비트 단위 논리 연산자는 표 26-1과 같다.

표 26-1 비트 단위 논리 연산자

| 종류 | 결과 및 특징 |
|---|---|
| ~ | 비트 단위 보수(부정), 단항 연산자 |
| & | 비트 단위 논리곱 |
| \| | 비트 단위 논리합 |
| ^ | 비트 단위 배타적 논리합 |

~는 단항 연산자로 피연산자의 비트를 0은 1로, 1은 0으로 수정한다. 아래에 예에서, px은 [0, 255]의 범위를 가지는 unsigned char 형인데, ~를 취한 값은 255에서 뺀 값이 된

다. 이것은 px과 ~px의 합은 모든 비트를 1로 지정하는 것으로 255이기 때문이다.

```
unsigned char px;
px = ~px;              // px = 255-px;
```

&, !, ^은 이항 연산자로 두 피연산자의 자료를 비트 단위로 각각 논리곱, 논리합, 배타적 논리합을 수행한다. 여기서 배타적 논리합은 두 논리가 서로 다른 경우(참과 거짓, 거짓과 참)에 참이 되고, 서로 같은 경우에 거짓이 되는 논리이다.

이와 같은 비트 단위 논리 연산자의 동작을 보여주는 코드가 프로그램 26-1이다. 정수값이 이진수 형식으로 잘 보이도록 모든 자료 처리 16진수로 했다. data1은 0xF0(1111 0000)이고 data2는 0x5A(0101 1010)이다(괄호 안은 이신 비트). 9행의 data1의 보수는 0x0F(0000 1111)가 된다. 12행의 비트 단위 논리곱은 두 비트가 모두 1이어야 1이므로 (0101 0000)으로 0x50이 된다. 15행의 비트 단위 논리합은 두 비트 중에서 1이 하나라도 있으면 1이므로 (1111 1010)으로 0xFA가 된다. 18행의 비트 단위 배타적 논리합은 두 비트가 달라야 1이므로 (1010 1010)이 되어 0xAA이다.

**프로그램 26-1** 비트 단위 논리 연산자 (26_01.c)

```
1   #include <stdio.h>
2
3   int main()
4   {
5     unsigned char data1 = 0xF0;
6     unsigned char data2 = 0x5A;
7     unsigned char result;
8
9     result = ~data1;
10    printf("%x\n", result);
11
12    result = data1 & data2;
13    printf("%x\n", result);
```

```

    result = data1 | data2;
    printf("%x\n", result);

    result = data1 ^ data2;
    printf("%x\n", result);

    return 0;
}
```

**실행 결과**

```
f
50
fa
aa
```

이와 같은 비트 단위 논리 연산자들은 플래그(flag) 자료를 처리하는데 유용하다. 비트 단위 논리곱은 현재 플래그 상태를 확인하거나 지우는데 이용될 있다. 아래와 같이 현재의 상태(state)에 상태를 확인할 플래그(flag)를 논리곱으로 연산하면, 플래그가 설정된 비트(1인 비트)를 제외하고 모든 0인 되고, 플래그가 설정된 비트는 현재 상태의 값이 된다. 따라서 if(state & flag)로 현재 상태의 플래그 값을 확인할 수 있다.

```
확인    0111 1011(state)          확인    0101 1011(state)
      & 0010 0000(flag)                 & 0010 0000(flag)
        0010 0000                         0000 0000
```

또한 아래와 같이 !flag와 논리곱을 수행하면 플래그가 설정되는 비트를 0으로 지울 수 있다.

```
지움    0111 1011(state)          지움    0101 1011(state)
      & 1101 1111(!flag)                & 1101 1111(!flag)
        0101 1011                         0101 1011
```

비트 단위 논리합은 flag를 추가할 때 사용할 수 있다. 아래와 같이 flag와 논리합을 수행하면 flag는 항상 현재 상태(state)에 1로 설정된다.

```
설정                              설정
  0111 1011(state)                  0101 1011(state)
| 0010 0000(flag)                 | 0010 0000(flag)
  0111 1011                         0111 1011
```

비트 단위 배타적 논리합에서, 1과 연산은 토글(toggle)이고, 0과의 연산은 그 자신이다. 즉, 아래와 같이 1과 연산된 자료는 보수를 취한 것과 같이 수정되고, 0과 연산된 자료는 그 자신인 것을 알 수 있다.

```
  0111 1011(data)                 0111 1011(data)
^ 1111 1111                     ^ 0000 0000
  1000 0100(toggle)               0111 1011(data)
^ 1111 1111                     ^ 0000 0000
  0111 1011(data)                 0111 1011(data)
```

## 26.2 비트 단위 이동 연산자(bitwise shift operator)

비트 단위 이동 연산자는 첫 번째 피연자의 비트를 오른쪽 또는 왼쪽으로 두 번째 피연자의 크기만큼 이동한다. 이 두 연산자는 <<, >>로 사용하며, <<는 왼쪽 이동(left shift)이고 >>는 오른쪽 이동(right shift)이다. 이 이동 연산자의 사용은 아래와 같다.

```
expr1 << expr2    // expr1을 왼쪽으로 expr2 비트만큼 이동
expr1 >> expr2    // expr1을 오른쪽으로 expr2 비트만큼 이동
```

왼쪽 이동 연산자의 왼쪽 피연산자(expr1)가 양수인 경우에는 expr2 비트만큼 왼쪽으로 이동하기 때문에 $2^{expr2}$를 곱한 것과 같고, 오른쪽 이동 연산자는 $2^{expr2}$로 나눈 것과 같다. 이과 같은 특성은 정수형에 한정되며, 왼쪽 피연산자(expr1)가 음수인 경우에는 특별히 표준화되어 있지 않으나 일반적인 컴파일러에서는 부호를 제외하고는 양수와 동일한 결과를 가진다. 프로그램 26-2는 비트 단위 이동 연산자의 사용을 보인 예제이다. 7행과 10행에서 양수에 대한 4비트 이동은 $2^4$의 곱이나 나눗셈의 결과를 가진다. 19행과 28행과 같이 양수에 대한 오른쪽 이동은 정수의 결과이므로 나눈 몫이 나오는 것을 볼 수 있다. 하지만 음수에 대한 20행과 29행의 결과는 생각한 것과 다르게 나오는 것을 볼 수 있다. 이것은 음수를 저장하는 방법이 2의 보수로 저장되기 때문이다.

> **n 비트만큼 왼쪽으로 이동하면 $2^n$의 곱이고**
> **n 비트만큼 오른쪽으로 이동하면 $2^n$으로 나눈 몫이다.**

**프로그램 26-2** 비트 단위 이동 연산자 (26_02.c)

```
1   #include <stdio.h>
2
3   int main() {
4     int x = 160;
5     int y = -160;
6
7     printf("%d, %d\n", x, x << 4);
8     printf("%d, %d\n", y, y << 4);
9
10    printf("%d, %d\n", x, x >> 4);
11    printf("%d, %d\n\n", y, y >> 4);
12
13    x = 159;
14    y = -159;
15
```

```
    printf("%d, %d\n", x, x << 4);
    printf("%d, %d\n", y, y << 4);

    printf("%d, %d\n", x, x >> 4);
    printf("%d, %d\n\n", y, y >> 4);

    x = 161;
    y = -161;

    printf("%d, %d\n", x, x << 4);
    printf("%d, %d\n", y, y << 4);

    printf("%d, %d\n", x, x >> 4);
    printf("%d, %d\n\n", y, y >> 4);

    return 0;
}
```

**실행 결과**

```
160, 2560
-160, -2560
160, 10
-160, -10

159, 2544
-159, -2544
159, 9
-159, -10

161, 2576
-161, -2576
161, 10
-161, -11
```

## 26.3 복합 대입 연산자 2

산술 연산자와 대입 연산자의 기능을 복합한 대입 연산자와 같이, 비트 단위 연산자도 대입 연산자와 복합한 기능을 가진 표 26-2와 같은 복합 대입 연산자가 있다.

표 26-2 복합 대입 연산자 2

| 연산자 | 이름(의미) |
|---|---|
| <<= | 좌변을 우변만큼 왼쪽으로 비트 이동한 결과를 좌변에 대입 |
| >>= | 좌변을 우변만큼 오른쪽으로 비트 이동한 결과를 좌변에 대입 |
| &= | 좌변과 우변을 비트 단위 논리곱을 수행한 결과를 좌변에 대입 |
| \|= | 좌변과 우변을 비트 단위 논리합을 수행한 결과를 좌변에 대입 |
| ^= | 좌변과 우변을 비트 단위 배타적 논리합을 수행한 결과를 좌변에 대입 |

표 4-2의 복합 대입 연산자의 사용은 아래와 같으며, 주석의 설명과 같이 동작한다. 이들 복합 대입 연산자도 대입 연산자와 같은 연산자 우선순위를 가지므로 아래와 같이 오른쪽의 수식이 먼저 계산되고(괄호), 복합 대입 연산이 수행된다.

```
variable <<= expression;  // variable = variable << (expression);
variable >>= expression;  // variable = variable >> (expression);
variable &= expression;   // variable = variable & (expression);
variable |= expression;   // variable = variable | (expression);
variable ^= expression;   // variable = variable ^ (expression);
```

C Programming C 프로그래밍 입문과 활용

# 연습문제 26.

비트 연산자

1. 비트 단위 논리 연산자의 종류와 특징을 설명하라.

2. 비트 단위 이동 연산자의 종류와 특징을 설명하라.

3. 다음 코드의 출력 결과를 예상하고 그 이유를 설명하라.

```
unsigned char data1 = 0x59;
unsigned char data2 = 0x3F;
unsigned char result;

result = ~data1;
printf("%x\n", result);

result = data1 & data2;
printf("%x\n", result);

result = data1 | data2;
printf("%x\n", result);

result = data1 ^ data2;
printf("%x\n", result);
result = result ^ data2;
printf("%x\n", result);
```

4. 다음 코드의 출력 결과를 예상하고 그 이유를 설명하라.

```
int x = 621;

printf("%d, %d\n", x, x << 5);
printf("%d, %d\n", x, x >> 1);
```

# Chapter 27

# 명령행 인수와 매크로

Chapter 27

# 명령행 인수와 매크로

## 27.1 명령행 인수(command line argument)

명령행 인수란 명령행(prompt, 컴퓨터가 명령을 대기하는 상황)에서 프로그램을 실행할 때, 프로그램 이름 뒤에 포함되는 인수들을 의미한다. 예를 들어 파일 한 개를 다른 파일로 복사하는 copyfile이라는 프로그램이 있다고 가정하자. 이 프로그램을 명령행 인수를 사용하지 않는다면 실행 후에 복사할 파일 이름을 입력받고, 다음 복사될 파일 이름을 입력 받아야 한다. 하지만 명령행 인수를 사용하면 아래와 같이 프로그램 이름 뒤에 파일 이름들을 지정하여 프로그램을 바로 실행할 수 있다.

```
C:\>copyfile src.txt dest.txt
```

프로그램이 시작되면 main 함수가 호출되는 것이므로, 명령행 인수는 main 함수의 매개변수로 표현할 수 있다. 또한 인수의 개수가 가변적이므로 main 함수의 매개변수는 명령행 인수의 개수와 명령행 인수의 문자열 배열로 구성된다. 즉, 명령행 인수를 처리하는 프로그램의 main 함수는 아래와 같이 작성할 수 있으며, argc는 명령행 인수의 개수를 받고, argv는 명령행 인수의 문자열 배열을 받는다.

```
int main(int argc, char *argv[])
```

예를 들어 아래와 같이 명령행에서 copyfile을 실행했다면, argc는 3이고 argv[0]은 "copyfile", argv[1]은 "src.txt", argv[2]는 "dest.txt"가 된다.

```
C:\>copyfile src.txt dest.txt
```

프로그램 27-1은 명령행 인수를 확인하는 프로그램으로, 만일 명령행에서 프로그램을 실행할 때, 프로그램 이름과 한 개의 문자열이 추가된 경우에만 10, 11행이 실행되고 그렇지 않으면 6행을 실행하고 종료한다. 또한 10에서 출력되는 argv[0]은 프로그램 실행에 사용된 프로그램의 이름이고, argv[1]은 프로그램 이름 다음에 포함된 문자열이다. 명령행에서 실행 프로그램의 이름은 *.exe로 끝나므로 실행 결과 1, 2와 같이 실행할 수 있다. 또한 실행 결과 3과 같이 .exe를 생략하고 실행 파일을 실행할 수 있으며, 이때는 argv[0]는 .exe가 없는 프로그램 이름이다.

**프로그램 27-1** 명령행 인수 (27_01.c)

```
1  #include <stdio.h>
2
3  int main(int argc, char *argv[])
4  {
5    if(argc != 2) {
6      printf("One file name is required.\n");
7      return 0;
8    }
9
10   printf("Program name: %s\n", argv[0]);
11   printf("File name (argument): %s", argv[1]);
12
13   return 0;
```

```
}
```

**실행 결과 1(명령행에서 실행 파일 이름 ex.exe 입력)**

```
C:\Ex>ex.exe
One file name is required.
```

**실행 결과 2(명령행에서 ex.exe src.txt 입력)**

```
C:\Ex>ex.exe src.txt
Program name: ex.exe
File name (argument): src.txt
```

**실행 결과 3(명령행에서 ex src.txt 입력)**

```
C:\Ex>ex src.txt
Program name: ex
File name (argument): src.txt
```

## 27.2 매크로(macro)

매크로란 반복적으로 사용되는 부분을 약자로 정의하는 것으로, C 언어에서 매크로는 #define 전처리문으로 지정할 수 있다. #define 전처리문은 컴파일하기 전에 수행된다.

#define 전처리문에 의한 매크로 지정은 상수를 지정하는 방법으로 가장 많이 사용되며, 아래와 같이 사용할 수 있다. 여기서, identifier는 상수로 사용할 식별어이며 replacementList는 identifier로 대체될 수식이다. 컴파일하기 전에 identifier는 replacementList로 대체된다.

```
#define identifier replacementList
```

#define을 함수와 비슷한 형태로 사용할 수 있다. 사용법의 아래와 같으며, identifier는 함수 이름과 비교될 수 있으며, identifierList는 함수의 매개변수와 동등하게 비교될 수 있다. 또한 replacementList는 함수의 동작과 비교된다.

```
#define identifier( identifierList ) replacementList
```

예를 들어, 아래와 같이 전처리문을 작성하면, 두 개의 매개변수(x,y)를 가지는 MAX 함수인 것처럼 동작한다.

```
#define MAX( x , y ) (((x)>(y))?(x):(y))
```

위와 같은 전처리문을 지정하고 아래와 같은 코드가 작성되면 MAX라는 이름이 사용되었으므로, 전처리문에 의해 주석과 같이 수정된다. 즉, 위 전처리문의 x와 y는 각각 10과 2로 바뀌게 된다.

```
MAX(10, 2)      // (((10)>(2))?(10):(2))
```

위와 같은 전처리문에서 주의할 사항은 반드시 identifier와 (를 공백 없이 지정해야 한다. 또한 대체될 수식에 ( )를 많이 사용한 것은 x나 y에 대체될 값이 수식이라면 연산자 우선순위에 의해 잘못 연산될 가능성을 없애기 위해서이다.

```
#define PRODUCT1(x, y) x*y
#define PRODUCT2(x, y) ((x)*(y))
```

예를 들어, 위와 같이 전처리문을 작성하고, 아래와 같이 사용하면, ( )가 없는 PRODUCT1은 ( )없이 주석과 처리되어 원하지 않는 결과를 발생할 수도 있다.

```
printf("%d\n", PRODUCT1(5+2, 4-2));    // 5+2*4-2 → 11
printf("%d\n", PRODUCT2(5+2, 4-2));    // (5+2)*(4-2) → 14
```

## 27.3 기타 전처리기

#define과 #include외에도 유용하게 사용될 수 있는 몇 개의 전처리기가 더 있다. 먼저 아래의 #if는 constExpression이 참인 경우에 #endif 앞까지의 내용이 컴파일되고, 그렇지 않으면 컴파일되지 않는다. 즉, 선택적인 컴파일을 지정할 수 있다.

```
#if constExpression
// constExpression이 참인 경우 수행
#endif
```

위와 같은 #if 형식 내부에 아래의 #elif를 추가하여 앞의 if 조건이 거짓인 경우에 다른 조건을 지정할 수 있다.

```
#elif constExpression
```

조건부 컴파일(#if ... #endif)에서 앞의 조건을 만족하지 않는 경우에 조건부 컴파일을 지정하고 싶다면 아래와 같은 #else를 이용한다.

```
#else
```

#define으로 어떤 identifier가 정의되었는지에 따라서 조건부 컴파일을 수행할 수 있으며, 아래의 #ifdef는 identifer가 정의된 경우에 #endlif까지 컴파일되고, #ifndef는 identifier가 정의되기 않은 경우에 #endif까지 컴파일된다.

```
#ifdef identifier
#ifndef identifier
```

C Programming C 프로그래밍 입문과 활용

# 연습문제 27

명령행 인수와 매크로

1. 명령행 인수의 사용법에 대해 설명하라.

2. 다음 전처리기의 문제점에 대해 설명하라.

```
#define SIZE = 10;
```

3. 다음 전처리기의 문제점에 대해 설명하라.

```
#define ABS(x) x>0?x:-x
```

4. 다음 전처리기의 문제점에 대해 설명하라.

```
#define MAX (x,y) ((x)>(y)?(x):(y))
```

5. 다음 코드의 출력 결과를 예상하고 그 이유를 설명하라.

```
#include <stdio.h>

#define  EX
#ifdef EX
  void Fn() {
    printf("Ex\n");
  }
#else
  void Fn() {
```

```
    printf("Programming\n")
  }
#endif


int main() {
  Fn();

  return 0;
}
```

6. 다음 코드의 출력 결과를 예상하고 그 이유를 설명하라.

```
#include <stdio.h>

#ifdef EX
#define ABS(x)  ((x)>=0?(x):-(x))
#else
#define ABS(x)  ((x)<0?(x):-(x))
#endif


int main() {
  printf("%d\n", ABS(-10));

  return 0;
}
```

7. 다음과 같이 실행 파일에 인수(1.c)를 추가하면, 그 파일을 텍스트 파일의 쓰기 모드로 열고, 그 다음으로 입력하는 내용이 계속 파일에 추가되는 프로그램을 작성하라. EOF가 입력되는 입력이 종료되며 파일을 닫는다.

```
C:\>editcode 1.c
```

# Chapter 28

# 수학적 문제 해결

Chapter 28

# 수학적 문제 해결

## 28.1 뉴톤 메소드(Newton's method)

뉴톤 메소드는 방정식의 실근을 추정하는 방법이다. 이 추정은 임의의 값에서 반복적으로 근으로 접근하는 방법으로 아래의 식을 이용한다.

$$x_i = x_{i-1} - \frac{f(x_{i-1})}{f'(x_{i-1})}$$

위 식에서 $x_i$는 $i$번 반복에서 얻어진 추정치이고 $x_{i-1}$은 $i-1$번의 반복에서 얻어진 추정치이다. 그림 28-1과 같이 위의 식을 이용하면 $x_i$는 $x_{i-1}$보다 근에 더 근사한 것을 볼 수 있다.

초기에 $x_0$는 임의의 값부터 시작하며, 여러 근을 가지는 경우에는 초기값에 따라서 추정되는 근이 달라질 것이다. 뉴톤 메소드에 근을 구하기 위해서는 방정식과 방적식의 미분식 및 초기값이 지정되어야 할 것이다. 따라서 이 함수의 원형은 아래와 같이 선언할 수 있다.

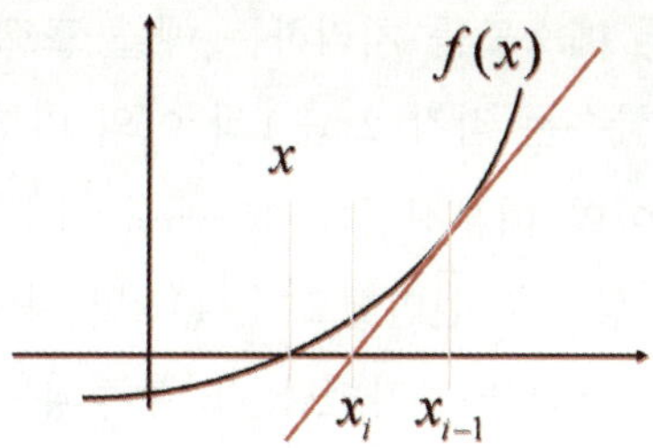


그림 28-1 뉴톤 메소드

```
double Newton(double x0,
    double (*Fn)(double), double (*DiffFn)(double));
```

위 함수에서 x0는 초기값이고, Fn과 DiffFn은 각각 방정식과 방정식의 미분식을 받을 함수 포인터이다. 또 추정된 근은 반환값으로 돌려준다. Newton 함수에서 근을 추정할 최대 반복수를 지정하여 반복해야 할 것이므로 아래와 같은 반복으로 처리할 수 있다. 여기서 y는 Fn에 x0를 전달하여 받은 결과이고, dy는 Diff에 x0를 전달하여 받은 결과이다.

```
const int max = 100;

int i;
for(i = 1 ; i <= max ; i++) {
  x = x0 - y/dy;

  x0 = x;
}
```

위의 처리에서 dy가 0이 되면 y/dy를 수정할 수 없다. 따라서 dy가 0인 경우는 아래와 같이 dy를 작은 값으로 지정하여 추정치를 크게 이동시킨다.

```
  if(dy == 0) dy = 1.0E-10;
  x = x0 - y/dy;
```

위에 설명된 방법으로 뉴톤 메소드를 처리하는 예를 프로그램 28-1과 같이 작성할 수 있다. 4행과 8행에서 선언된 함수는 각각 $2x+1$과 이의 미분식이다. 12행과 16행에서 선언된 함수는 각각 $x^2-2$와 이의 미분식이다. Newton 함수는 20~44행에서 정의되었으며, 앞의 1.0E-10은 22행에서 상수로 선언했으며, x0-x의 차이가 작은 경우에는 수정되는 값이 작아지므로 38행의 종료 조건을 추가했다. 또 추정되는 과정을 실행 결과에서 확인할 수 있도록 36행의 반복에서 추정치를 출력하도록 했다. 실행 결과에서, 앞의 11개는 1차식이므로 1번의 반복으로 바로 근을 계산했으며, 뒤의 11개는 2차식이므로, 여러 번의 반복을 수행한다. 특히 x0=0일 때, $x^2-2$의 미분값은 0이므로 위의 경우로 처리되어 다른 경우와 달리 여러 번 반복되는 것을 볼 수 있다.

**프로그램 28-1** 뉴톤 메소드 (28_01.c)

```
1   #include <stdio.h>
2   #include <math.h>
3
4   double Fn(double x) {
5     return 2*x + 1;
6   }
7
8   double DiffFn(double x) {
9     return 2;
10  }
11
12  double Fn2(double x) {
13    return x*x-2;
14  }
15
16  double DiffFn2(double x) {
17    return 2*x;
18  }
19
20  double Newton(double x0,
21      double (*Fn)(double), double (*DiffFn)(double)) {
```

```
  const double eps = 1.0E-10;
  const int max = 100;

  double x, y, dy;
  int i;

  for(i = 1 ; i <= max ; i++)
  {
    y = Fn(x0);
    dy = DiffFn(x0);

    if(dy == 0) dy = eps;
    x = x0 - y/dy;

    printf("%3.2lf, ", x);

    if(fabs(x-x0) < eps) return x;

    x0 = x;
  }

  return x;
}

int main() {
  double x;

  for(x = -5 ; x <= 5 ; x++) {
    printf("(x0: %3.2lf)", x);
    printf("%lf\n", Newton(x, &Fn, &DiffFn));
  }

  printf("\n");

  for(x = -5 ; x <= 5 ; x++)
  {
    printf("(x0: %3.2lf)", x);
    printf("%lf\n", Newton(x, &Fn2, &DiffFn2));
```

```
    }

    return 0;
}
```

**실행 결과**

```
(x0: -5.00)-0.50, -0.50, -0.500000
(x0: -4.00)-0.50, -0.50, -0.500000
(x0: -3.00)-0.50, -0.50, -0.500000
(x0: -2.00)-0.50, -0.50, -0.500000
(x0: -1.00)-0.50, -0.50, -0.500000
(x0: 0.00)-0.50, -0.50, -0.500000
(x0: 1.00)-0.50, -0.50, -0.500000
(x0: 2.00)-0.50, -0.50, -0.500000
(x0: 3.00)-0.50, -0.50, -0.500000
(x0: 4.00)-0.50, -0.50, -0.500000
(x0: 5.00)-0.50, -0.50, -0.500000

(x0: -5.00)-2.70, -1.72, -1.44, -1.41, -1.41, -1.41, -1.41, -1.414214
(x0: -4.00)-2.25, -1.57, -1.42, -1.41, -1.41, -1.41, -1.41, -1.414214
(x0: -3.00)-1.83, -1.46, -1.41, -1.41, -1.41, -1.41, -1.414214
(x0: -2.00)-1.50, -1.42, -1.41, -1.41, -1.41, -1.414214
(x0: -1.00)-1.50, -1.42, -1.41, -1.41, -1.41, -1.414214
(x0: 0.00)20000000000.00, 10000000000.00, 5000000000.00, 2500000000.00,
1250000000.00, 625000000.00, 312500000.00, 156250000.00, 78125000.00,
39062500.00, 19531250.00, 9765625.00, 4882812.50, 2441406.25,
1220703.13, 610351.56, 305175.78, 152587.89, 76293.95, 38146.97,
19073.49, 9536.74, 4768.37, 2384.19, 1192.09, 596.05, 298.03, 149.02,
74.51, 37.27, 18.66, 9.38, 4.80, 2.61, 1.69, 1.44, 1.41, 1.41,
1.41, 1.41, 1.414214
(x0: 1.00)1.50, 1.42, 1.41, 1.41, 1.41, 1.414214
(x0: 2.00)1.50, 1.42, 1.41, 1.41, 1.41, 1.414214
(x0: 3.00)1.83, 1.46, 1.41, 1.41, 1.41, 1.41, 1.414214
(x0: 4.00)2.25, 1.57, 1.42, 1.41, 1.41, 1.41, 1.41, 1.414214
(x0: 5.00)2.70, 1.72, 1.44, 1.41, 1.41, 1.41, 1.41, 1.414214
```

## 28.2 수치 미분(numerical differentiation)

함수 $f(x)$의 미분은 아래의 식으로 정의된다.

$$f'(x) = \lim_{h \to 0} \frac{f(x+h) - f(x)}{h}$$

위의 식에서 $h$를 0에 근접하여 계산할 수 없으므로, $h$를 아주 작은 값으로 처리하여 미분의 근사값을 계산할 수 있다. 이때, $h$의 부호에 따라서 오차가 발생할 수 있으므로 아래와 같이 두 값의 평균을 이용할 수 있다.

$$\frac{f(x+h) - f(x-h)}{2h}$$

이와 같이 함수의 미분값을 추정하는 방법을 수치 미분이라고 하며, 미분값을 구할 함수와 값이 있어야 하므로 아래와 같은 원형을 사용할 수 있다. 따라서 아래의 함수는 수학 함수 Fn의 x에서의 미분값을 반환하는 함수이다.

```
double Diff(double (*Fn)(double), double x);
```

앞의 수식에 의해 수치 미분 함수를 작성하고, 실험한 코드가 프로그램 28-2이다. 1차 함수($2x + 10$)와 3차 함수($6x^3 - 3x^2 + 2x + 10$)에 대해 실험 했으며, 각각 Fn과 Fn2 함수로 4행과 8행에 정의되어 있다. 또한 수치 미분으로 계산된 결과와 실제 값을 비교하기 위하여 Fn2 함수의 미분 함수를 12행과 같이 DiffFn2로 정의했다. 실행 결과에서 앞의 11개의 출력은 1차 함수에 대한 미분값이므로 항상 동일한 값이 출력되고, 뒤의 11개의 출력은 3차 함수에 대한 미분값으로 실제 미분값과 동일한 결과를 출력하는 것을 볼 수 있다.

**프로그램 28-2** 수치 미분 (28_02.c)

```c
#include <stdio.h>
#include <math.h>

double Fn(double x) {
  return 2*x + 10;
}

double Fn2(double x) {
  return 6*x*x*x - 3*x*x + 2*x + 10;
}

double DiffFn2(double x) {
  return 18*x*x - 6*x + 2;
}

double Diff(double (*Fn)(double), double x) {
  double h, yy, y1, y2;

  h = 1.0E-5;

  y1 = Fn(x-h);
  y2 = Fn(x+h);

  yy = (y2-y1)/(2*h);

  return yy;
}

int main() {
  int x;

  for(x = -5 ; x <= 5 ; x++)
    printf("(x: %d), %lf\n", x, Diff(Fn, x));

  printf("\n");
```

```

    for(x = -5 ; x <= 5 ; x++)
      printf("(x: %d), %lf, %lf\n", x, Diff(Fn2, x), DiffFn2(x));

    return 0;
  }
```

**실행 결과**

```
(x: -5), 2.000000
(x: -4), 2.000000
(x: -3), 2.000000
(x: -2), 2.000000
(x: -1), 2.000000
(x: 0), 2.000000
(x: 1), 2.000000
(x: 2), 2.000000
(x: 3), 2.000000
(x: 4), 2.000000
(x: 5), 2.000000

(x: -5), 482.000000, 482.000000
(x: -4), 314.000000, 314.000000
(x: -3), 182.000000, 182.000000
(x: -2), 86.000000, 86.000000
(x: -1), 26.000000, 26.000000
(x: 0), 2.000000, 2.000000
(x: 1), 14.000000, 14.000000
(x: 2), 62.000000, 62.000000
(x: 3), 146.000000, 146.000000
(x: 4), 266.000000, 266.000000
(x: 5), 422.000000, 422.000000
```

## 28.3 수치 적분(numerical integration)

수치 적분은 적분 구간을 미세한 구간으로 나누어 그 구간 면적의 합으로 적분을 수행하는 방법이다. 이때 미세 구간 면적은 직사각형, 사다리꼴이나 다른 근사화법을 이용할 수 있다. 여기서는 사다리꼴로 면적을 계산하여 적분을 수행하는 방법만 소개한다. 사다리꼴의 면적을 계산하는 것은 아래의 수식을 이용할 수 있다.

$$\int_{a}^{a+h} f(x) \approx h\frac{f(a)+f(a+h)}{2}$$

수치 적분 함수는 수학 함수와 적분 구간이 주어져야 하므로 아래와 같은 함수의 원형으로 정의할 수 있다. Fn은 수학 함수의 함수 포인터이고, x1과 x2는[x1, x2]의 적분 구간을 의미한다.

```
double Integral(double (*Fn)(double), double x1, double x2);
```

적분 계산은 위의 수식으로 계산된 면적의 합이므로 프로그램 28-3과 같이 반복문으로 간단히 작성할 수 있다. 프로그램 28-3은 $\sin(x)$(4행의 Fn)와 $6x^3 - 3x^2 + 2x + 10$(12행의 Fn2)의 적분을 계산하여 출력하도록 하였다. 또한 적분값의 검증을 위해서 두 함수의 적분 함수를 8행(IntFn)과 16행(IntFn2)에 정의하여 계산된 값을 같이 출력하였다.

**프로그램 28-3** 수치 적분 (28_03.c)

```
1  #include <stdio.h>
2  #include <math.h>
3
4  double Fn(double x) {
5    return sin(x);
```

```
}

double IntFn(double x) {
  return -cos(x);
}

double Fn2(double x) {
  return 6*x*x*x - 3*x*x + 2*x + 10;
}

double IntFn2(double x) {
  return 6*x*x*x*x/4 - 3*x*x*x/3 + 2*x*x/2 + 10*x;
}

double Integral(double (*Fn)(double), double x1, double x2)
{
  double x, sum;
  const double h = 1.0E-3;

  sum = 0;
  for(x = x1 ; x < x2 ; x += h)
  {
    sum += h * (Fn(x) + Fn(x+h))/2;
  }

  return sum;
}

int main() {
  printf("[%3.2lf, %3.2lf]: %lf, %lf\n", 0.0, acos(-1),
    Integral(Fn, 0, acos(-1)), IntFn(acos(-1)) - IntFn(0.0));

  printf("[%3.2lf, %3.2lf]: %lf, %lf\n", 0.0, 20.0,
    Integral(Fn2, 0, 20), IntFn2(20.0) - IntFn2(0.0));

  return 0;
}
```

**실행 결과**

```
[0.00, 3.14]: 2.000000, 2.000000
[0.00, 20.00]: 232600.000590, 232600.000000
```

Appendix

# 부록

# ASCII 코드

| 10진 | 16진 | 부호 | 10진 | 16진 | 부호 | 10진 | 16진 | 부호 | 10진 | 16진 | 부호 |
|---|---|---|---|---|---|---|---|---|---|---|---|
| 0 | 00 | NUL | 32 | 20 | SP | 64 | 40 | @ | 96 | 60 | ` |
| 1 | 01 | SOH | 33 | 21 | ! | 65 | 41 | A | 97 | 61 | a |
| 2 | 01 | STX | 34 | 22 | " | 66 | 42 | B | 98 | 62 | b |
| 3 | 013 | ETX | 35 | 23 | # | 67 | 43 | C | 99 | 63 | c |
| 4 | 04 | EOT | 36 | 24 | $ | 68 | 44 | D | 100 | 64 | d |
| 5 | 05 | ENG | 37 | 25 | % | 69 | 45 | E | 101 | 65 | e |
| 6 | 06 | ACK | 38 | 26 | & | 70 | 46 | F | 102 | 66 | f |
| 7 | 07 | BEL | 39 | 27 | ' | 71 | 47 | G | 103 | 67 | g |
| 8 | 08 | BS | 40 | 28 | ( | 72 | 48 | H | 104 | 68 | h |
| 9 | 09 | HT | 41 | 29 | ) | 73 | 49 | I | 105 | 69 | i |
| 10 | 0A | LF | 42 | 2A | * | 74 | 4A | J | 106 | 6A | j |
| 11 | 0B | VT | 43 | 2B | + | 75 | 4B | K | 107 | 6B | k |
| 12 | 0C | FF | 44 | 2C | , | 76 | 4C | L | 108 | 6C | l |
| 13 | 0D | CR | 45 | 2D | - | 77 | 4D | M | 109 | 6D | m |
| 14 | 0E | SO | 46 | 2E | . | 78 | 4E | N | 110 | 6E | n |
| 15 | 0F | SI | 47 | 2F | / | 79 | 4F | O | 111 | 6F | o |
| 16 | 10 | DLE | 48 | 30 | 0 | 80 | 50 | P | 112 | 70 | p |
| 17 | 11 | DC1 | 49 | 31 | 1 | 81 | 51 | Q | 113 | 71 | q |
| 18 | 12 | DC2 | 50 | 32 | 2 | 82 | 52 | R | 114 | 72 | r |
| 19 | 13 | DC3 | 51 | 33 | 3 | 83 | 53 | S | 115 | 73 | s |
| 20 | 14 | DC4 | 52 | 34 | 4 | 84 | 54 | T | 116 | 74 | t |
| 21 | 15 | NAK | 53 | 35 | 5 | 85 | 55 | U | 117 | 75 | u |
| 22 | 16 | SYN | 54 | 36 | 6 | 86 | 56 | V | 118 | 76 | v |
| 23 | 17 | ETB | 55 | 37 | 7 | 87 | 57 | W | 119 | 77 | w |
| 24 | 18 | CAN | 56 | 38 | 8 | 88 | 58 | X | 120 | 78 | x |
| 25 | 19 | EM | 57 | 39 | 9 | 89 | 59 | Y | 121 | 79 | y |
| 26 | 1A | SUB | 58 | 3A | : | 90 | 5A | Z | 122 | 7A | z |
| 27 | 1B | ESC | 59 | 3B | ; | 91 | 5B | [ | 123 | 7B | { |
| 28 | 1C | FS | 60 | 3C | < | 92 | 5C | \ | 124 | 7C | \| |
| 29 | 1D | GS | 61 | 3D | = | 93 | 5D | ] | 125 | 7D | } |
| 30 | 1E | RS | 62 | 3E | > | 94 | 5E | ^ | 126 | 7E | ~ |
| 31 | 1F | US | 63 | 3F | ? | 95 | 5F | _ | 127 | 7F | DEL |

# 찾아보기

# C 프로그래밍 입문과 활용

2010년 2월 1일 초판 인쇄
2010년 2월 5일 인쇄 발행

저 자 이대호
발 행 인 송기수
발 행 처 도서출판 GS 인터비전
편 집 처 도서출판 GS 인터비전
인 쇄 처 선우문화사
등록번호 제2008 - 27호
I S B N 978-89-93668-45-2 (92560)

주 소 서울시 중랑구 묵동 신도브래뉴1차 102동 1301호
전 화 02-976-7898, 0707-720-7898
팩 스 02-6468-7898
E-mail gsinter7@chol.com

정 가 **20,000원**